Schöningh

EinFach Deutsch
Unterrichtsmodell

Daniel Kehlmann

Die Vermessung der Welt

Erarbeitet von
Claudia Müller-Völkl,
Michael Völkl

Herausgegeben von
Johannes Diekhans

Baustein 4: Der Roman als Zeitspiegel (S. 60–71 im Modell)			
4.1	Humboldt als Repräsentant der Weimarer Klassik	Kapitel „Das Meer“, „Die Höhle“, „Der Fluss“, „Die Hauptstadt“	Tafelbilder
4.2	Was macht den echten Patrioten aus?	Kapitel „Der Sohn“, „Der Vater“	Arbeitsblatt 9, Tafelbilder, kreatives Schreiben
4.3	Das gegenwärtige deutsche Nationalbewusstsein	Transfer	Arbeitsblatt 10, 11, 12, Erstellen einer Collage, Zusatzmaterial 2

Baustein 5: Die Erfahrung des Alterns (S. 72–85 im Modell)			
5.1	Die Funktion des Alterns in den Familienverhältnissen	Kapitel „Das Meer“, „Der Garten“, „Der Sohn“, „Der Vater“, „Äther“, „Die Steppe“, „Der Baum“	Tafelbilder
5.2	Die alternden Forscher	Kapitel „Die Steppe“	Arbeitsblatt 13, Zusatzmaterial 3
5.3	Fächerübergreifendes Projekt	Transfer	Projektarbeit Arbeitsblatt 14, 15, 16, 17, 18

Baustein 6: Ein historischer Roman als Bestseller (S. 86–104 im Modell)			
6.1	Quelle und literarische Fiktion	Verschiedene Auszüge aus den Humboldt-Kapiteln	Arbeitsblatt 19
6.2	Vergleich mit dem historischen Roman „Der Entdecker	Verschiedene Auszüge aus den Humboldt-Kapiteln	Tafelbilder, Arbeitsblatt 20, 21
6.3	Erklärungen für das Bestseller-Phänomen	Gesamter Text	Arbeitsblatt 22, 23, Zusatzmaterial 4

Die Vermessung der Welt

Baustein 1: Hinführung zum Roman (S. 21–33 im Modell)

1.1	Erstbegegnung	Gesamter Text	Arbeitsblatt 1, 2, 3, Zusatzmaterial 1
1.2	Lektürephase	Gesamter Text	Lesetagebuch
1.3	Reflexion des Leseprozesses	Gesamter Text	Arbeitsblatt 4, 5, assoziatives Schreiben
1.4	Das erste Kapitel als Exposition	Kapitel „Die Reise"	Tafelbild

Baustein 2: Biografie und Charakter (S. 34–43 im Modell)

2.1	Die jungen Forscher	Kapitel „Das Meer", „Der Lehrer"	Arbeitsblatt 6, Tafelbilder, kreatives Schreiben
2.2	Charakterisierung der Forscherpersönlichkeiten	Kapitel „Das Meer", „Die Zahlen"	Tafelbilder, kreatives Schreiben
2.3	Vergleichende Zusammenfassung	s. o.	Kreatives Schreiben

Baustein 3: Der Wandel der Wissenschaft (S. 44–59 im Modell)

3.1	Der thematische Einstieg		Arbeitsblatt 7
3.2	Humboldt als Forschungsreisender	Kapitel „Das Meer", „Die Höhle", „Der Fluss", „Der Berg", „Die Hauptstadt"	Arbeitsblatt 8, Tafelbilder, kreatives Schreiben
3.3	Gauß zwischen Genialität und Brotberuf	Kapitel „Die Sterne"	Tafelbilder
3.4	Humboldt und Gauß: Zwei Wissenschaftler im Vergleich	Kapitel „Der Sohn", „Äther"	Tafelbilder, kreatives Schreiben

Bildnachweis

S. 9: © 2005 by Rowohlt Verlag GmbH, Reinbek bei Hamburg – **S. 28, 31, 58:** akg-images – **S. 29:** SV Bilderdienst/90100/KPA/HIP – **S. 30:** bpk – **S. 69:** © dpa-Fotoreport – **S. 70, 100:** © picture-alliance/dpa – **S. 81:** Mohr/CCC, www.c5.net

www.schoeningh-schulbuch.de
Schöningh Verlag, Jühenplatz 1–3, 33098 Paderborn

Druck 5 4 3 2 / Jahr 2012 11 10 09
Die letzte Zahl bezeichnet das Jahr dieses Druckes.

Umschlaggestaltung: Jennifer Kirchhof
Druck und Bindung: AZ Druck und Datentechnik GmbH/Kempten (Allgäu)

ISBN 978-3-14-022392-8

Vorwort

Der vorliegende Band ist Teil einer Reihe, die Lehrerinnen und Lehrern erprobte und an den Bedürfnissen der Schulpraxis orientierte Unterrichtsmodelle zu ausgewählten Ganzschriften und weiteren relevanten Themen des Faches Deutsch bietet.
Im Mittelpunkt der Modelle stehen Bausteine, die jeweils thematische Schwerpunkte mit entsprechenden Untergliederungen beinhalten.
In übersichtlich gestalteter Form erhält der Benutzer/die Benutzerin zunächst einen Überblick zu den im Modell ausführlich behandelten Bausteinen.

Es folgen:

- Hinweise zu den Handlungsträgern
- Zusammenfassung des Inhalts und der Handlungsstruktur
- Vorüberlegungen zum Einsatz des Buches im Unterricht
- Hinweise zur Konzeption des Modells
- Ausführliche Darstellung der einzelnen Bausteine
- Zusatzmaterialien

Ein besonderes Merkmal der Unterrichtsmodelle ist die Praxisorientierung. Enthalten sind kopierfähige Arbeitsblätter, Vorschläge für Klassen- und Kursarbeiten, Tafelbilder, konkrete Arbeitsaufträge, Projektvorschläge. Handlungsorientierte Methoden sind in gleicher Weise berücksichtigt wie eher traditionelle Verfahren der Texterschließung und -bearbeitung.
Das Bausteinprinzip ermöglicht es dabei den Benutzern, Unterrichtsreihen in unterschiedlicher Weise und mit unterschiedlichen thematischen Akzentuierungen zu konzipieren. Auf diese Weise erleichtern die Modelle die Unterrichtsvorbereitung und tragen zu einer Entlastung der Benutzer bei.

Das vorliegende Modell bezieht sich auf folgende Textausgabe: Daniel Kehlmann: Die Vermessung der Welt. Reinbek bei Hamburg: Rowohlt Verlag 2005, TB-Ausgabe 2008

Aus urheberrechtlichen Gründen sind die Texte von Daniel Kehlmann nicht in reformierter Schreibung wiedergegeben.

Arbeitsfrage

Einzelarbeit

Partnerarbeit

Gruppenarbeit

Unterrichts-
gespräch

Schreibauftrag

szenisches
Spiel,
Rollenspiel

Mal- und
Zeichenauftrag

Bastelauftrag

Projekt, offene
Aufgabe

Inhaltsverzeichnis

Die Vermessung der Welt

„Wo nur Bäume, Moos, Steine und Graskuppen gewesen waren, spannte sich jetzt ein Netz aus Geraden, Winkeln und Zahlen. Nichts, was einmal jemand vermessen hatte, war noch oder konnte je sein wie zuvor."

(Die Vermessung der Welt, S. 268)

Titelbild des Romans

Inhalt und Aufbau des Romans

Der historische Roman „Die Vermessung der Welt" von Daniel Kehlmann charakterisiert die bedeutenden Wissenschaftlerpersönlichkeiten Alexander von Humboldt (1769–1859) und Carl Friedrich Gauß (1777–1855). Beide haben sich jeweils dem Projekt einer wissenschaftlichen Beschreibung und Vermessung der Welt verschrieben, Humboldt als experimenteller Naturforscher, der den amerikanischen Kontinent bereist, Gauß als vorrangig abstrakt arbeitender Mathematiker und Astronom, dem unter anderem eine theoretische Grundlegung der Arithmetik gelingt. Bei der literarischen Ausgestaltung der Erzählung orientiert sich der Verfasser grundsätzlich an den tatsächlichen geschichtlichen Fakten und Zusammenhängen.
Über weite Strecken weist das Buch ein alternierendes Kompositionsprinzip auf: Exemplarische, vorwiegend episodenhaft vorgetragene Lebensstationen der Hauptpersonen werden zwar parallel und aufeinander verweisend, aber in getrennten Kapiteln geschildert. Den erzählerischen Mittelpunkt den Romanhandlung bildet das erste persönliche Aufeinandertreffen der beiden Figuren im Jahre 1828. Diese biografische Überkreuzung, deren Anfangsepisode in Durchbrechung der Chronologie dem Roman als erstes Kapitel vorangestellt ist, spiegelt sich auch im Textaufbau wider: Über die dem Treffen folgenden Ereignisse im Leben der Protagonisten wird nicht mehr separat, sondern in gemeinsamen Kapiteln berichtet.

Übersicht über den Inhalt der einzelnen Kapitel

Die Reise

Im Jahr 1828 tritt der 51-jährige Mathematiker Carl Friedrich Gauß eine Reise von seiner Heimatstadt Göttingen aus an, um auf Einladung des Gelehrten Alexander von Humboldt an einem Naturforscherkongress in Berlin teilzunehmen. Begleitet von seinem Sohn Eugen, präsentiert sich der nur unwillig reisende Gauß als weltfremder und ichbezogener Wissenschaftler, der gleichwohl seine intellektuelle Ausnahmestellung auf arrogante Weise zu demonstrieren pflegt. Ein Zwischenfall beim Grenzübertritt vom Königreich Hannover in das preußische Territorium wirft ein Schlaglicht auf die politische Lage im Deutschen Bund, die von staatlicher Repression gegenüber der deutschen Nationalbewegung geprägt ist. In Berlin angekommen, bezieht Gauß Quartier beim ebenfalls in die Jahre gekommenen Humboldt, dessen immer noch wacher Experimentierdrang sich darin zeigt, dass er die Ankunft Gauß' mit einem gerade in der Entwicklung befindlichen fotografischen Gerät festzuhalten versucht.

Das Meer

Alexander wächst gemeinsam mit seinem älteren Bruder Wilhelm auf dem Familienschloss auf. Dabei wird Wilhelm vorrangig in den Kulturwissenschaften, Alexander in den Naturwissenschaften ausgebildet. Der schüchterne Alexander zeigt früh seine Begeisterung für die experimentelle Wissenschaft, steht aber im Schatten des intellektuell brillanteren Bruders. Bei einem Unfall knapp dem Tod durch Ertrinken entronnen, beschließt Alexander, seine wissenschaftliche Laufbahn der Erforschung des Phänomens des Lebens zu widmen. Nach dem Studium macht er zunächst eine schnelle Karriere als preußischer Bergwerksassessor.

Ausgestattet mit strenger Selbstdisziplin, führt er innovative Experimente durch, teilweise sogar im schonungslosen Selbstversuch. Durch seine Erkenntnisse entfernt er sich immer weiter vom traditionellen naturwissenschaftlichen Weltbild.
Als seine Mutter stirbt, beginnt der nunmehr aller Verpflichtungen ledige Alexander seine Forschungsexpedition zum amerikanischen Kontinent. In Salzburg macht er sich mit den damals modernsten naturwissenschaftlichen Messgeräten vertraut. In Paris schließt sich ihm der Franzose Aimé Bonpland an. Gemeinsam reisen sie nach Madrid, wo sie einen Passierschein für die spanischen Kolonien erwirken, und schiffen sich von La Coruña aus nach Trinidad ein.

Der Lehrer

Die phänomenale mathematische Begabung des aus einfachsten sozialen Verhältnissen stammenden Gauß zeigt sich bereits in früher Kindheit. Ihn unterfordern sowohl der Schulbetrieb wie auch die Aufgaben an der Universität, deren Besuch ihm durch ein herzogliches Stipendium ermöglicht wird. Dabei lernt der junge Gauß, aus Rücksicht auf die vorherrschenden Machstrukturen seine das althergebrachte Denken umstürzenden Erkenntnisse nur mit Bedacht preiszugeben. Eine Fahrt mit einem Heißluftballon erhebt ihn gleichsam über die irdischen Zwänge und eröffnet ihm neue wissenschaftliche Perspektiven auf die Welt und auf geometrische beziehungsweise astronomische Gesetzmäßigkeiten.

Die Höhle

Humboldt und Bonpland halten sich inzwischen seit einem halben Jahr in der spanischen Provinz Neuandalusien auf. Als der dem Humanitätsideal verpflichtete Humboldt Sklaven freikauft, wissen diese mit ihrer Freiheit nichts anzufangen. Eine Expedition führt ihn und Bonpland zur Chayman-Mission. Seine Erforschung der „Nacht-Höhle“, in der nach alter Vorstellung die Toten beheimatet sind, kollidiert mit abergläubischen Welterklärungen der Einheimischen. Im Weiteren wendet sich Humboldt dem Plan zu, nach dem legendären Kanal zu suchen, der die beiden Flüsse Orinoko und Amazonas verbinden soll. Außerdem plant er die Grundlegung der „physikalischen Geografie“, also den Entwurf einer umfassenden klimatischen Weltkarte.

Die Zahlen

Schon als Student an der Göttinger Universität erregt Gauß erhebliches Aufsehen, da er ein bis dahin unbekanntes geometrisches Verfahren zur Konstruktion eines regelmäßigen Siebzehnecks entdeckt. Nach seiner mit Auszeichnung bestandenen Doktorprüfung macht sich Gauß an sein Lebenswerk, die Grundlegung der Arithmetik. Die Arbeit wird zeitweilig unterbrochen, als ihn Geldmangel dazu zwingt, als Landvermesser zu arbeiten. Nach Fertigstellung seiner „Disquisitiones Arithmeticae“ unternimmt er eine Reise nach Königsberg, um dem greisen Kant zu begegnen. Die Begegnung verläuft allerdings enttäuschend, da der altersschwache Kant kein Interesse an den wissenschaftlichen Leistungen des jungen Mathematikers hat.
Seiner singulären Forscherexistenz entsprechend leidet Gauß auch im Privatleben an Einsamkeit, die er zunächst mit Besuchen bei der russischen Prostituierten Nina kompensiert. Im Weiteren lernt er die Gerberstochter Johanna kennen, die ihn zunächst aber zurückweist. Das Gefühl, im Leben nichts Größeres mehr leisten zu können, veranlasst Gauß zu einem Selbstmordversuch, den er jedoch nicht durchführt, da Johanna seinen Heiratsantrag schließlich doch annimmt.

Der Fluss

Die Expedition Humboldts bricht von Caracas aus auf, um den Kanal zwischen Orinoko und Amazonas zu suchen. Zunächst mit Maultieren unterwegs, besteigt man in San Fernando ein Flussschiff und heuert vier Einheimische an. Die gefährliche Fahrt auf dem Orinoko ist nicht nur eine Reise in die Wildnis, sondern auch in die Grenzbereiche einer rational fassbaren Welt: Man trifft auf Schicksale von Europäern, die im Urwald ihren Verstand verloren haben, auf Wahrsager und Menschenfresser. In einer Jesuitenmission führt Humboldt ein Gespräch mit Pater Zea, der die rationalen Beweggründe für das wissenschaftliche Vermessen der Welt grundsätzlich in Zweifel zieht. Humboldts Erkenntnisdrang geht dagegen sogar so weit, Leichen aus einer Bestattungshöhle der Eingeborenen zu entwenden. Vor Ort studiert er auch die Herstellung des Gifts Curare. Schließlich gelingt Humboldt das Hauptziel seiner Mission, die Entdeckung der Verbindung zwischen Orinoko und Amazonas. Auf der Rückfahrt auf dem Fluss trennt ein Unwetter die Reisegruppe, die beiden Europäer bleiben allein auf einer kleinen Flussinsel zurück.

Die Sterne

Gauß wendet sich mit großem Erfolg der zu seiner Zeit äußerst populären Astronomie zu und wird vom Herzog mit der Einrichtung einer Sternwarte beauftragt. Probleme der Planetenberechnung fesseln ihn selbst in seiner Hochzeitsnacht mit Johanna. Allerdings bremsen die Napoleonischen Kriege in Europa den Aufbau der Sternwarte. Gauß versteht zwar die politischen Entwicklungen nicht, fühlt aber eine gewisse geistige Verwandtschaft zum französischen Eroberer. Von seinen Forschungen stark in Anspruch genommen, versäumt Gauß sowohl die Geburt seines Sohnes als auch den Tod der Mutter im Kindbett. Auch in Naturerlebnissen oder in der Kultur findet Gauß keine Ablenkung: Weder spricht ihn ein Ausflug mit seinem Bremer Gehilfen Bessel an die Nordsee an, noch lässt er sich von der Bildungsatmosphäre des Weimarer Theaters beeindrucken.

Der Berg

Im ersten Teil des Kapitels fasst Bonpland in einem Brief die Geschehnisse auf der Rückfahrt auf dem Orinoko zusammen. Anschließend wird die Besteigung des Berges Chimborazo, der zur damaligen Zeit als höchster Berg der Welt gilt, geschildert. Der von extremen Belastungen begleitete Aufstieg, der bis knapp unter den Gipfel führt, führt die beiden Forscher an die Grenzen ihrer physischen und psychischen Leistungsfähigkeit. Nach überstandener Tortur ist es das erklärte Ziel Humboldts, mithilfe dieses Höhepunkts seiner Südamerikareise sein wissenschaftliches Prestige in Europa entsprechend zu befördern.

Der Garten

Der inzwischen zum zweiten Mal verheiratete Gauß ist als Landvermesser im Auftrag des Königs unterwegs. Dabei nächtigt er bei einem Grafen, der sich gut über seinen Gast informiert zeigt und sogar dessen Werke studiert hat. Dabei erschrickt Gauß über seine eigene Popularität, er zollt dem Grafen Respekt für seine unerwartet profunden Kenntnisse in der Mathematik. Dagegen ist der ungeduldige und strenge Umgang mit seinem Sohn Eugen, der ihm bei der Landvermessung assistiert, von seiner Verachtung gegenüber intellektuell durchschnittlich begabten Menschen geprägt.

Die Hauptstadt

In der Kolonie Neuspanien angekommen, stellt Humboldt inzwischen eine berühmte Persönlichkeit dar: Journalisten interessieren sich für ihn, und es gibt bereits ein Bilderbuch mit seinen Abenteuern. Außerdem wird Humboldt in der Hauptstadt Veracruz mit der noch stark präsenten heidnisch-aztekischen Vergangenheit der Ureinwohner und mit den aktuellen politischen Auseinandersetzungen zwischen den südamerikanischen Kolonien und dem spanischen König konfrontiert. Auf dem Vulkan Jorullo gelingt ihm die endgültige wissenschaftliche Widerlegung der Theorie des Neptunismus. Vor der endgültigen Rückkehr nach Europa werden Humboldt und Bonpland in Washington vom amerikanischen Präsidenten Jefferson empfangen.

Der Sohn

Ein Gespräch zwischen Humboldt und Gauß im Rahmen des Berliner Treffens zeigt den Ersteren als fleißig und unablässig experimentierenden Forscher. Gauß wiederum kritisiert die Grundlagen einer mit empirischen Verfahren arbeitenden Naturwissenschaft sowie das auf den Lehren Kants basierende Weltbild Humboldts, dem er die Theorie nichteuklidischer Räume gegenüberstellt. Der ebenfalls anwesende Eugen wird von seinem Vater aufgrund seiner Sympathien für die deutsche Nationalbewegung derart provoziert, dass er erzürnt das Haus Humboldts verlässt.

Der Vater

Eugen nimmt in Berlin an einer geheimen Versammlung einer nationaldemokratisch gesinnten Burschenschaft teil. Der Gastredner soll „Turnvater" Friedrich Ludwig Jahn, einer der führenden Repräsentanten der deutschen Nationalbewegung, sein. Die Polizei sprengt jedoch die Veranstaltung und verhaftet die anwesenden Studenten, darunter auch den Sohn Gauß'.

Der Äther

Humboldt hält vor gebildetem Berliner Publikum einen Vortrag, in dem er auf der Grundlage seiner Forschungsergebnisse die Idee des geordneten Kosmos entfaltet. Er stellt fest, dass die Vermessung der Erde kurz vor dem Abschluss stehe. Von der Wissenschaft erwarte er sich ein Zeitalter der Wohlfahrt. Gleichwohl enttäuscht er seine Zuhörer, die sich statt detaillierter Ergebnisse spannende Abenteuerschilderungen erwartet haben. Außerdem deutet sich bereits an, dass die Einsichten Humboldts vom stetigen wissenschaftlichen Fortschritt bereits überholt werden. Auf dem sich anschließenden Empfang, bei dem Humboldt auf seinen Bruder trifft, entzieht sich der zu den Gästen zählende Gauß unwirsch aller gesellschaftlichen Verpflichtungen einschließlich eines Treffens mit dem preußischen König.
Eine klärende Auseinandersetzung zwischen Humboldt und Gauß macht das unterschiedliche Wissenschaftsverständnis deutlich: Im Kontrast zu den aufwändigen Forschungsreisen Humboldts besteht das Wissenschaftlerideal Gauß' aus einem allein am Schreibtisch arbeitenden Geistesmenschen. Die Nachricht von der Verhaftung Eugens veranlasst beide zu sofortigem Handeln.

Die Geister

Humboldt und Gauß nehmen an einer Geisterbeschwörung teil, um bei dieser Gelegenheit den ebenfalls teilnehmenden Gendarmeriekommandanten zu bestechen. Der Versuch scheitert jedoch am ausfallend werdenden Gauß. In einem anschließenden privaten Gespräch der zwei Forscher wird deutlich, dass beide wissen, dass ihr wissenschaftlicher Zenit überschritten ist. Sie deuten jedoch zugleich auch Pläne zur Durchführung neuer Forschungsvorhaben an.

Die Steppe

Das Kapitel beschreibt parallel die Asienreise Humboldts und die gleichzeitig in Göttingen durchgeführten Forschungen Gauß' zum Erdmagnetismus. Bei der Reise durch Russland wird Humboldt als lebendes Denkmal behandelt. Eingeschränkt durch seine eigene Popularität, überholte wissenschaftliche Methoden sowie durch die restriktiven politischen Verhältnisse im autokratischen Zarenreich, gelingen ihm keine nennenswerten Forschungsleistungen mehr. Die Reise endet mit der Einsicht Humboldts in die Grenzen der eigenen Leistungsfähigkeit. Gauß wiederum, der die Asienreise mithilfe von Briefen Humboldts verfolgt, widmet sich Forschungen zum Erdmagnetismus und reflektiert dabei über sein eigenes Leben. Im Laufe des Kapitels wird deutlich, dass die beiden Protagonisten zunehmend Verständnis für die Lebensleistung des jeweils anderen entwickeln.

Der Baum

Der immer noch in preußischer Haft befindliche Eugen wird des Landes verwiesen. Nach der endgültigen Verabschiedung von seinem Vater tritt er die Überfahrt über England nach Amerika an. Bei einem Zwischenaufenthalt auf der Insel Teneriffa stößt er dabei auf Spuren der Forschertätigkeit Humboldts, ohne sich jedoch der Zusammenhänge bewusst zu werden. Die Erfahrungen während seiner Reise erlebt Eugen als Beginn der Emanzipation vom dominanten Einfluss seines Vaters und damit als Chance zum Aufbau einer eigenen Lebensperspektive.

Schematische Übersicht zur Kapitelanordnung

Bezug auf Humboldt | **Bezug auf Gauß und Humboldt** | **Bezug auf Gauß**

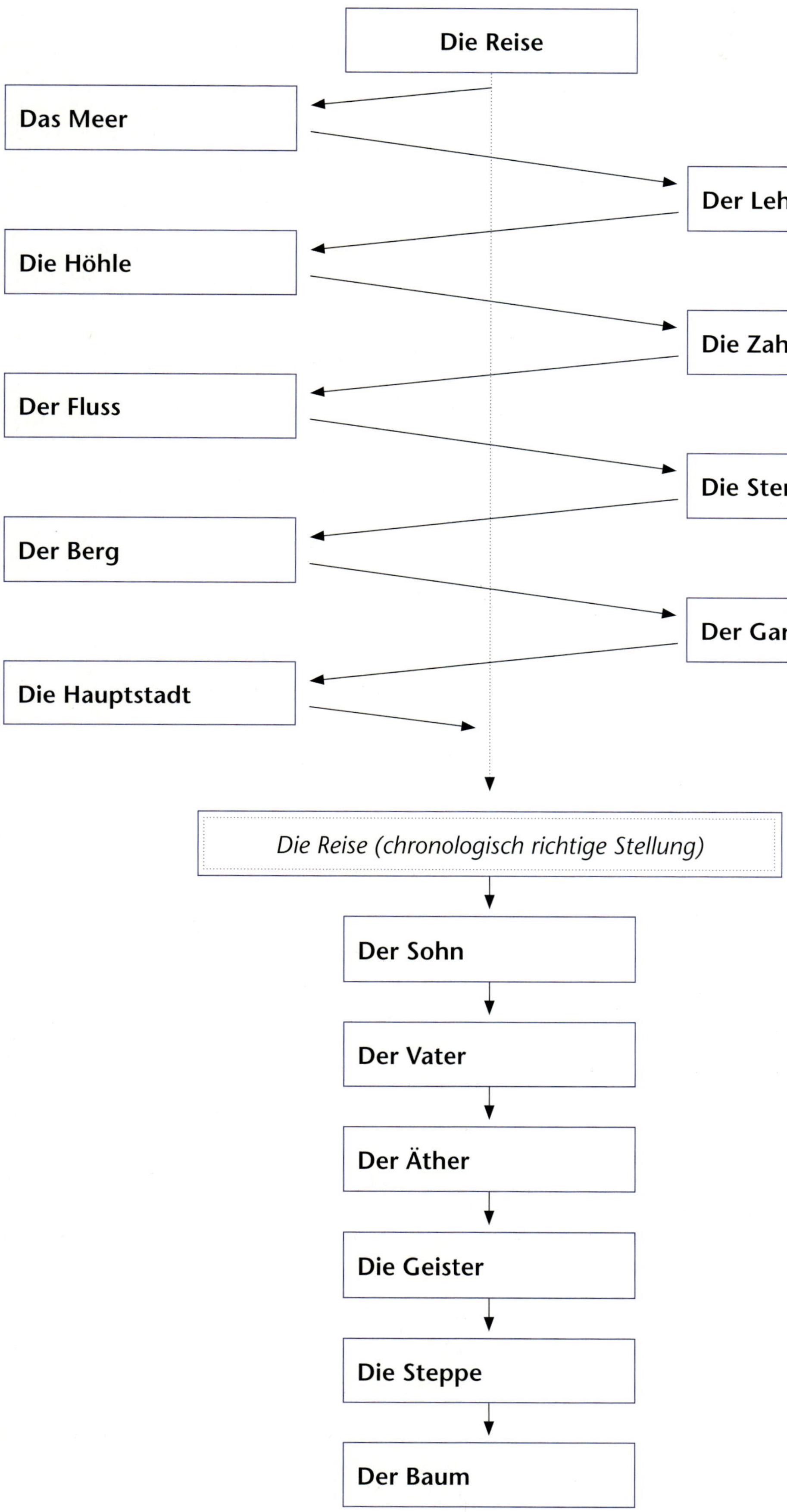

Vorüberlegungen zum Einsatz des Romans im Unterricht

Der Roman „Die Vermessung der Welt" macht zunächst einmal mit sensationellen Absatzzahlen auf sich aufmerksam: Seit 2005 ca. 1 Million verkaufte Exemplare sicherten dem Titel über viele Monate den Platz des Spitzenreiters in den deutschen Bestsellerlisten. Das andauernde Interesse des deutschen Publikums sowie die für bereits mehr als zwanzig Länder vorbereiteten Übersetzungen dürften noch länger einen ungebrochenen Markterfolg garantieren. Gleichzeitig kann das Werk aus der Feder des Wiener Autors Daniel Kehlmann schon jetzt auf eine eindrucksvolle Liste von begehrten Auszeichnungen verweisen: So schaffte es das Buch im Jahr 2005 in das Finale des Deutschen Buchpreises und wurde überdies mit dem Candide-Preis des Literarischen Vereins der Stadt Minden geehrt. 2006 folgten der Literaturpreis der Konrad-Adenauer-Stiftung, der Heinrich-von-Kleist-Preis sowie der Heimito-von-Doderer-Preis.

Damit stellt der Text innerhalb der deutschen Gegenwartsliteratur zweifelsohne ein singuläres Phänomen dar, vereint er einen bislang noch kaum richtig vermessbaren kommerziellen Erfolg auf dem Buchmarkt mit einer teils geradezu überschwänglichen Resonanz vonseiten der professionellen Literaturkritik.

Eine Analyse der literarischen Ausnahmestellung des Romans gelingt wohl am ehesten über das Aufzeigen der Unterschiede zwischen Kehlmanns Werk und dem in den Verlagsprogrammen dominierenden Erzähltypus: Gegen die teils selbstverliebte Nabelschau des Gegenwartsromans, der sich bevorzugt den Befindlichkeitskrisen moderner Subjektivität widmet, setzt Kehlmann eine historische Zeitreise, die sich mit einer von uns nur scheinbar weit entrückten Umbruchzeit in der Geschichte des neuzeitlichen Denkens auseinandersetzt. Denn die mit den Namen Gauß und Humboldt verbundenen Entwicklungen prägen unser Weltbild tiefer als so manche ephemere Auseinandersetzung um gesellschaftliche Reizthemen und Schlagworte. Die inhaltliche Bedeutsamkeit für den zeitgenössischen Leserhorizont zeigt sich an den vielen Bezügen und Anspielungen auf Grundprobleme unserer Gegenwart: Aspekte wie beispielsweise die Bedingungen innovativer Wissenschaft und deren Konsequenzen für das Weltbild, die tief in den Geschehnissen des 19. Jahrhunderts wurzelnde Debatte um den Begriff des Deutsch-Seins oder auch das Erleben individueller Alterungsprozesse stellen zwischen den Menschen des 19. Jahrhunderts und deren Nachfahren zu Beginn des dritten Jahrtausends eine existenzielle Erfahrungsklammer und sogar eine Form von Sympathie her.

Kehlmann gelingt freilich nicht nur eine geistvolle Wiederbelebung des Genres „Historischer Roman", sondern dessen Revolutionierung: Nunmehr ist es auch in der anspruchsvollen deutschen Literatur möglich und erlaubt, Vergangenes nicht nur mit der nötigen Distanz, sondern auch mit ironischem Augenzwinkern darzustellen. Dazu erreicht der Autor aufgrund eines ganz eigenen Schreibstils und seiner unverhohlenen Freude am Erzählen eine literarische Qualität, der man eine stilbildende Wirkung wünscht.

Ein grundlegendes Verdienst des Verfassers besteht darin, sich jenseits des „klassischen" Literaturkonsumenten auch neue Leserschichten zu erschließen. Dazu trägt, neben der humorvollen Unterhaltsamkeit des Erzählten, der eher ungewohnte, gleichwohl geglückte Einbezug der Naturwissenschaften in die Romanhandlung bei, was auch den eher an Sachthemen ausgerichteten Interessenhorizont vieler männlicher Gelegenheitsleser anspricht.

Im Hinblick auf die Schulpraxis sprechen mehrere gute Gründe dafür, „Die Vermessung der Welt" als Lektüre im Deutschunterricht zu behandeln. So weist der in durchgängig verständlicher Sprache verfasste Roman einen leserfreundlichen Umfang sowie eine übersichtliche Kapiteleinteilung auf. Überdies vermittelt er trotz seiner historischen Thematik Einsichten in

Grundbefindlichkeiten der deutschen Gegenwart und lädt die Schüler zur vertieften und problemorientierten Auseinandersetzung über Grundlagen der modernen Lebenswelt ein. Die mit dem Text verknüpften Genre- und Stilfragen bieten wiederum Ansatzpunkte zur Reflexion über schriftstellerische Qualität und über literaturtheoretische Kategorien. Vor diesem Hintergrund erscheint der Einsatz des Buchs konkret vor allem in der gymnasialen beziehungsweise beruflichen Oberstufe sinnvoll. Dabei ergeben sich auch zahlreiche Anknüpfungsmöglichkeiten für fächerübergreifende Lern- und Arbeitsformen, um die Schüler auf die Anforderungen der Hochschul- und Berufswelt vorzubereiten.
Der Leseprozess sollte folgendermaßen organisiert werden: Zunächst erfolgt im Unterricht eine thematische Annäherung an den Text. Der Baustein 1 bietet hierfür methodische Vorschläge. Anschließend wird den Schülern als Hausaufgabe gestellt, den Text als ganzen zu lesen. Da der Text sprachlich eingängig gestaltet ist und auch einen durchaus zumutbaren Umfang aufweist, kann diese Leseaufgabe von Oberstufenschülern ohne Weiteres bewältigt werden. Das dadurch erworbene Textwissen dient als Grundlage für die sich anschließende Behandlung des Romans im Unterricht.
Für eine vertiefte Vorbereitung auf die Unterrichtssequenz stehen der Lehrkraft über das vorliegende Unterrichtsmodell hinaus derzeit noch keine literaturwissenschaftlichen Fachpublikationen zur Verfügung. Allerdings lassen sich viele Hintergrundinformationen über das Internet beschaffen. Hierzu diene die folgende kleine Auswahl:

Zu Daniel Kehlmann:

www.de.wikipedia.org/wiki/Daniel_Kehlmann (Stand: 15.08.2006)
(Angaben zu Biografie und bisherigen Veröffentlichungen, inkl. Link-Liste mit Interviews und Rezensionen)

Zu Alexander von Humboldt:

www.de.wikipedia.org/wiki/Alexander_von_Humboldt (Stand: 15.08.2006)
(detaillierte Biografie, Link-Liste; besonders hilfreich hierbei die Verweise auf wissenschaftliche Bibliotheken, die digitalisierte Werke Humboldts im Netz anbieten!)

www.humboldt-im-netz.de (Stand: 15.08.2006)
(umfangreiche Materialsammlung der Universität Potsdam)

www.humboldt-portal.de (Stand: 15.08.2006)
(Plattform zu A. Humboldt, betreut vom Eichborn-Verlag, in dessen „Die Andere Bibliothek", hrsg. von Hans Magnus Enzensberger, Humboldts „Kosmos" neu aufgelegt wurde)

Zu Carl Friedrich Gauß:

www.de.wikipedia.org/wiki/Carl_Friedrich_Gau%C3%9F (Stand: 15.08.2006)
(ausführliche Biografie und Werkbeschreibung mit Link-Liste; nützlich hierbei die Hinweise auf Seiten öffentlicher Bibliotheken, die digitalisierte Werke Gauß' anbieten!)

www.math.uni-hamburg.de/math/ign/gauss/gaussges.html (Stand: 15.08.2006)
(Seite der Gauß-Gesellschaft)

Ergänzung: Kritische Anmerkungen zu *wikipedia* als Hilfsmittel der Literaturwissenschaft

www.berlinerliteraturkritik.de/index.cfm?id=11450 (Stand: 15.08.2006)
(Beitrag in einem Literaturmagazin)

Aufgabenstellungen für Schulaufgaben, Klausuren und Facharbeiten können problemlos aus den in den einzelnen Bausteinen enthaltenen Arbeitsaufträgen gebildet werden. Dies gilt nicht nur für die Texterschließung und für die inhaltliche Interpretation im engeren Sinne, sondern auch für ergänzende handlungs- und produktionsorientierte Aufgabentypen, die unter Umständen ebenfalls sinnvoll in eine Prüfungsaufgabe integriert werden können. Darüber hinaus mögen folgende Beispiele als weiterführende Anregungen dienen:

Themen für Schulaufgaben und Klausuren:

1. Humboldt und der Drachenbaum (S. 47 f.): Betten Sie die Episode in den Gang der Handlung ein, erarbeiten Sie die darin zum Ausdruck kommenden Wesenszüge und Einstellungen Humboldts und vergleichen Sie diese mit den Aussagen anderer Textstellen zu Humboldt.
2. Humboldts Rede in Berlin: Stellen Sie den Inhalt der S. 235–240 in den Zusammenhang der Romanhandlung und erarbeiten Sie daraus den Kontrast zwischen dem wissenschaftlichen Selbstbild des alternden Humboldts und der Wahrnehmung seiner Leistungen durch sein Berliner Umfeld.
3. Gauß in Berlin: Erstellen Sie, basierend auf dem Inhalt der S. 239–244, eine Charakterisierung der Figur Gauß und gehen Sie in diesem Zusammenhang auch auf die Funktion Webers im Rahmen dieses Textabschnitts ein.
4. Erläutern Sie folgende Aussage Gauß' und nehmen Sie Stellung dazu: „Ein Mann, allein am Schreibtisch. Ein Blatt Papier vor sich, allenfalls noch ein Fernrohr, vor dem Fenster der klare Himmel. Wenn dieser Mann nicht aufgebe, bevor er verstehe. Das sei vielleicht Wissenschaft." (S. 247)
5. Vergleichen Sie das Bild des Wissenschaftlers in Goethes „Faust I" und in Daniel Kehlmanns „Vermessung der Welt".
   (Aufgabe sinnvoll, wenn beide Werke vertieft im Unterricht behandelt wurden)
6. „‚Die Vermessung der Welt' ist eine recht aggressive Satire über das Deutschsein." Erläutern Sie diese Aussage Daniel Kehlmanns und berücksichtigen Sie dabei aktuelle gesellschaftliche Bezüge.

Themen für die Fach-/Seminararbeit:

1. Das Bild von Gauß beziehungsweise Humboldt in Kehlmanns „Vermessung der Welt" zwischen Wirklichkeitstreue und literarischer Fiktion
2. Daniel Kehlmanns „Vermessung der Welt": ein postmoderner Roman?
   (eventuell Vergleich mit Umberto Ecos „Baudolino"; Thema sollte nur gestellt werden, wenn der Begriff der Postmoderne bereits im Unterricht eingeführt wurde)
3. Von Felix Dahn zu Daniel Kehlmann: Die Entwicklung des Genres „Historischer Roman". Ein Vergleich der Werke „Ein Kampf um Rom" (1876) und „Die Vermessung der Welt" (2005) hinsichtlich Thematik, Figurengestaltung und Stil
4. Kehlmanns frühe Romane: Ein Vergleich der Hauptfiguren in „Mahlers Zeit" (1999) und „Der fernste Ort" (2001)

Die Konzeption des Unterrichtsmodells

Die Bausteine des Unterrichtsmodells orientieren sich keineswegs akribisch an der Reihenfolge der im Roman erzählten Handlung, sondern werden jeweils einem bestimmten Teilthema zugeordnet. Diese Akzentuierung einzelner inhaltlicher Aspekte zielt also nicht auf ein systematisches „Durchackern" des gesamten Textes ab, sondern beabsichtigt exemplarische Problematisierungen anhand besonders aussagekräftiger Textstellen. Auf diese Weise wird den Schülern ein altersgemäßer Literaturzugang ermöglicht.
Die Module und ihre Teilelemente stellen dabei lediglich unverbindliche Angebote an die Lehrkraft dar, sie können beliebig ausgewählt, umgestellt, angepasst oder auch durch eigene Beiträge erweitert werden. Im Zusatzmaterial finden sich weitere ergänzende Arbeitsblätter zur fakultativen Vertiefung und Differenzierung.
Im Sinne einer oberstufengerechten Methodenvielfalt werden nicht nur Aufgabenstellungen in Gestalt konkreter Text- und Interpretationsarbeiten präsentiert, sondern auch Möglichkeiten zum handlungs- und produktionsorientierten Transfer berücksichtigt. Im Bereich der Sozialformen werden häufig mehrere Alternativen angegeben, um der Lehrkraft größeren Gestaltungsspielraum bei der situationsgerechten Unterrichtsplanung zu eröffnen.

Baustein 1 organisiert die Erstbegegnung der Schüler mit dem Text sowie die Lektürephase. Gleichzeitig soll eine Grundlage für die Unterrichtssequenz in Form einer thematischen Sensibilisierung geschaffen werden. Hierzu dient auch die Analyse des ersten Romankapitels, in dem die in den folgenden Bausteinen behandelten inhaltlichen Aspekte bereits ein erstes Mal angedeutet werden. Außerdem soll der Blick der Schüler auf besondere stilistische Kennzeichen des Autors gelenkt werden.

Baustein 2 beabsichtigt eine kontrastive Charakterisierung der beiden Hauptfiguren Humboldt und Gauß. Im Mittelpunkt steht die Frage nach den Ursprüngen und den Motiven ihres außerordentlichen Forschungsdrangs, der die Protagonisten einerseits vor ihrer Umwelt auszeichnet und zu wissenschaftlichen Höchstleistungen antreibt, sie andererseits aber auch existenziell isoliert. Dabei ergibt sich ein gegensätzlicher Befund: Während Humboldt von der Konkurrenzsituation zu seinem älteren Bruder Alexander getrieben wird, muss Gauß, mit außerordentlicher mathematischer Genialität begabt, lernen, mit seiner schon in frühen Jahren erkennbaren Ausnahmestellung zurechtzukommen.

Baustein 3 problematisiert den durch Humboldt und Gauß initiierten Fortschritt auf dem Felde der Naturwissenschaft sowie deren Methodik und beleuchtet den zeitgenössischen Bedingungsrahmen wissenschaftlichen Forschens, der auch zu Zeiten Gauß' und Humboldts zum Teil durch außerwissenschaftliche Faktoren, also durch ökonomische Zweckmäßigkeiten, durch gesellschaftliche Ressentiments sowie durch den Grad der öffentlichen Wahrnehmung, bestimmt wird.

Baustein 4 betrachtet die Erzählung als historischen Zeitspiegel und analysiert die Darstellung des von der Weimarer Klassik geprägten deutschen Kulturverständnisses Humboldts ebenso wie die zeitgenössische Debatte um die studentische Nationalbewegung. Als Transfer bietet sich eine Reflexion über das von der gegenwärtigen Schülergeneration erlebte und vertretene deutsche Selbstbild an.

Baustein 5 beschäftigt sich mit der Erfahrung des Alterns. Der Roman zeigt Humboldt und Gauß nicht nur auf dem Zenit der geistigen Schaffenskraft, sondern auch als gealterte Persönlichkeiten, die sich unter anderem mit einer verringerten wissenschaftlichen Leistungsfähigkeit sowie mit einer veränderten Wahrnehmung durch die Umwelt auseinandersetzen müssen. Angesichts der großen Aktualität des Themas auch für unsere gegenwärtige Gesellschaft wird eine Vertiefung in Form eines fächerübergreifenden Projekts angeboten.

Baustein 6 analysiert das Verhältnis zwischen den historischen Quellen und der literarischen Verarbeitung und unternimmt einen Vergleich des Werks mit einem konventionellen historischen Roman. Außerdem sollen die Schüler mögliche Erklärungen für den Bestseller-Erfolg des Werkes suchen und die Möglichkeit erhalten, ein eigenes Urteil über die Qualität des Romans zu artikulieren.

Die thematischen Bausteine des Unterrichtsmodells

Baustein 1

Hinführung zum Roman

In diesem Baustein finden sich Anregungen und Vorschläge zur Gestaltung der einleitenden Teilsequenz, die der Hinführung der Schüler an die Lektüre der Ganzschrift dient. Der Baustein spannt dabei einen Bogen von der Erstbegegnung mit dem Text über den eigentlichen Leseprozess bis hin zur Untersuchung des ersten Kapitels. Das Eingangskapitel erscheint als besonders geeignet, um den Schülern ein anschauliches Panorama der im Roman präsenten Themen und Motive zu vermitteln. Die Analyse dieses Abschnitts dient somit der Vorbereitung auf die vertiefte inhaltliche Auseinandersetzung mit dem Roman.

1.1 Erstbegegnung

Vor der eigentlichen Lektüre des Textes durch die Schüler sollte die Lehrkraft eine kurze Erstbegegnung mit dem Buch organisieren. Diese dient nicht nur der Lesemotivation, sondern kann auch dazu genutzt werden, um die Schüler für bestimmte thematische Aspekte des Romans zu sensibilisieren und damit den individuellen Lesefocus zu schärfen.
Für die Erstbegegnung stehen mehrere methodische Möglichkeiten zur Verfügung, die auch beliebig miteinander kombiniert werden können:

Sammeln von Vorwissen

Grundsätzlich empfiehlt es sich, an möglicherweise vorhandenes Vorwissen der Schüler anzuknüpfen. Die Namen der beiden Protagonisten des Romans sind vielen Schülern sicherlich bekannt, Gauß aus dem Mathematikunterricht, Humboldt aus dem Geschichts- beziehungsweise Erdkundeunterricht. Die Lehrkraft kann dabei zum Zwecke der Illustration zusätzlich Portraits vorstellen, die Humboldt und Gauß zeigen (vgl. **Arbeitsblatt 1**, S. 28). Anschließend gibt die Lehrkraft der Klasse folgenden Auftrag:

- *Notieren Sie, was Sie bereits über Leben und wissenschaftliche Leistung der beiden Personen Carl Friedrich Gauß und Alexander von Humboldt wissen, und tragen Sie Ihre Ergebnisse der Klasse vor.*

Die gemeinsam gesammelten Ergebnisse werden vonseiten der Lehrkraft noch weiter ergänzt und vertieft. Als übersichtliche Grundlage für die historischen Zusammenhänge kann die chronologische Übersicht (**Zusatzmaterial 1**, S. 105f.) herangezogen werden.

Alternativ kann die Klasse im Computerraum eine biografische Recherche zu Humboldt und Gauß durchführen und das Leben der beiden Personen in Form von kurzen Präsentationen oder Plakaten vorstellen.

Eine weitere Variante der Aufgabe ist in Form einer Hausaufgabe möglich: Die Schüler könnten im Familien- und Bekanntenkreis eine kurze Umfrage zu Gauß und Humboldt durchführen und anhand einer kurzen Auswertung der Resultate die Frage klären, welcher Bekanntheitsgrad den beiden Persönlichkeiten tatsächlich zukommt. Ein zu erwartendes Ergebnis besteht darin, dass Alexander von Humboldt häufig mit seinem Bruder, dem Bildungsreformer Wilhelm, verwechselt wird. Die Lehrkraft sollte es in diesem Falle nicht versäumen, auf die hohe Popularität Alexanders in Südamerika hinzuweisen, wo zahlreiche Bildungseinrichtungen, Straßen, Plätze etc. nach dem großen Entdecker benannt sind.

Vergleich von Weltbildern

Mit der Vermessung der Welt durch Humboldt und Gauß geht ein Wandel des Bildes einher, das sich der Mensch von seiner Welt macht. Die Folgen dieser Entwicklung bestimmen das moderne Weltbild bis zum heutigen Tage. Um den Schülern den tiefen Einschnitt im Wissenschaftsverständnis vor Augen zu führen, erscheint ein Vergleich verschiedener historischer Weltkarten als dienlich.

Die Lehrkraft präsentiert den Schülern eine Weltkarte der frühen Neuzeit, beispielsweise die des Holländers Blaeuw aus dem Jahre 1665, und kontrastiert diese mit einer vergleichbaren Karte Alexander von Humboldts (die beiden Bildquellen liegen in Schwarz-Weiß-Reproduktion als Kopiervorlage bei, siehe **Arbeitblatt 2**, S. 29). Der Arbeitsauftrag für das Unterrichtsgespräch könnte folgendermaßen lauten:

- *Vergleichen Sie die beiden Weltkarten. Benennen Sie auffällige Gemeinsamkeiten und Unterschiede.*

Gemeinsam ist beiden Karten ihre Primärfunktion als Orientierungshilfe. Allerdings ist die Karte Blaeuws wesentlich ungenauer, auch wenn Längen- und Breitegrade bereits eingezeichnet sind. Die repräsentativ und mit Freude an ausschmückenden Darstellungen gestaltete Karte informiert zudem nicht nur über geografische Gegebenheiten, sondern enthält auch zahlreiche konkrete sowie allegorische Bildelemente. Neben abstrakten Darstellungselementen, Linien, finden sich zudem Darstellungen beispielsweise von Seeungeheuern. Offenbar vermischen sich hier Fakten und Mythologie. Wissenschaftliche und religiöse Welterklärung sind noch nicht sauber voneinander getrennt.

Bei Humboldt dagegen stehen ausschließlich die mithilfe wissenschaftlicher Rationalität generierten Ergebnisse im Vordergrund, konkrete Darstellungen, beispielsweise Seeschiffe oder Menschen, werden nicht eingefügt. Die Karte Humboldts unterscheidet sich somit nicht mehr wesentlich von modernen Kartenwerken.

Betrachtung des Titelbilds

Die Abbildungen auf den Titelumschlägen werden von Verlagen gezielt gestaltet, um die richtigen Lesergruppen anzusprechen und um Leseinteresse und damit Kauflust zu wecken. Aus diesem Grund stellt ein Titelbild gewissermaßen die Visitenkarte eines jeden Buchs dar. Mit einer bewussten Betrachtung des Titelbilds können die Schüler die Wirkung eines Titelbildes auf ihre individuellen Leseerwartungen nachvollziehen.

- *Beschreiben Sie die auf dem Titelumschlag erkennbaren Elemente und stellen Sie darauf basierende Mutmaßungen über den Inhalt des Romans an.*

Das Titelbild basiert auf einer bildlichen Darstellung aus der Feder Humboldts, die auf dem Buchumschlag allerdings nur als Ausschnitt wiedergegeben ist. Zur Sicherstellung des Bildverständnisses kann die Lehrkraft die komplette Darstellung zeigen (siehe **Arbeitsblatt 3**, S. 31).
Die Abbildung stellt einen stark vereinfachten physikalischen Querschnitt durch Südamerika dar. Die Inschriften, die für die jeweilige Höhenlage typischen Pflanzengruppen wiedergeben sollen, sind für die Schüler kaum leserlich. Die Lehrkraft sollte deshalb die Funktion der Inschriften erklären. Oben rechts findet sich als Ergänzung eine abstrakte geometrische Gitternetzdarstellung.

- *Formulieren Sie Ihre durch das Bild geweckten Erwartungen an den Roman auf einem Notizzettel (bei Gruppenarbeit: auf einem Plakat).*

Das gemeinsame Vergleichen der Ergebnisse führt den Schülern die tatsächliche Bandbreite individueller Bildassoziationen und damit der individuellen Leseerwartungen vor Augen. Wenn die Schüler ihre Leseerwartungen schriftlich fixieren, können diese Notizen nach der Lektürephase nochmals zu einem Vergleich mit dem tatsächlichen Leseerlebnis herangezogen werden. Hieran könnte sich eine kurze Diskussion über die Funktion von Titelbildern für die Vermarktungschancen eines Buches anschließen.
Die Untersuchung des Titelbilds kann wahlweise auch nach der Lektürephase erfolgen.

1.2 Lektürephase

Das Buch sollte von den Schülern vor Beginn der Unterrichtssequenz zu Hause gelesen werden. Ein Zeitraum von etwa zwei Wochen, zweckmäßigerweise über die Ferien gestellt, bietet sich an. Dagegen erscheint eine schrittweise durchgeführte häusliche Lektüre während der Erarbeitungsphase als nicht so sinnvoll, da sich die thematischen Schwerpunkte in der Regel durch das gesamte Buch ziehen und sich deshalb durch kapitelorientierte Lesehausaufgaben nicht angemessen erschließen lassen.
Die Schüler sollten zu jedem Kapitel eine kurze Inhaltsangabe verfassen. Eine solche Zusammenfassung der wichtigsten Handlungsschritte erleichtert im weiteren Verlauf der Sequenz die Orientierung im Text, zumal die Überschriften zu den Romankapiteln im Großen und Ganzen wenig aussagekräftig sind.

- *Erstellen Sie im Rahmen der häuslichen Lektüre zu jedem Kapitel eine kurze Inhaltsübersicht (maximal jeweils vier bis sechs Sätze).*

1.3 Reflexion des Leseprozesses

Zwischen der individuellen Textrezeption und dem Beginn der eigentlichen Unterrichtssequenz kann eine kurze Besinnungsphase zwischengeschaltet werden, in der die Schüler über ihre Leseerfahrungen reflektieren und sich darüber austauschen können. Der Lehrkraft gibt ein solcher Zwischenschritt wichtige Rückmeldungen über den Leseerfolg und über besondere thematische Interessen der Schüler, die im weiteren Verlauf der Sequenzplanung berücksichtigt werden können.
Hier eine Auswahl verschiedener methodischer Vorgehensweisen:

Literarisches Alphabet

Diese Aufgabe eignet sich sehr gut, um die individuellen Leseeindrücke der Schüler einzufangen. Der Titel des Buchs wird gleichsam als Akronym angesehen. Jeder Buchstabe ist zu einem vollständigen Gedanken zu ergänzen, der einen thematischen Aspekt oder eine Leseassoziation widerspiegelt (siehe **Arbeitsblatt 4**, S. 32).

- *Füllen Sie das Arbeitsblatt aus. Jeder Buchstabe ist als Wortanfang zu betrachten, der einen persönlichen Gedanken zum Roman einleitet.*

Die so erstellten Bearbeitungen können im Klassenzimmer ausgehängt werden. Alternativ stellen sich die Schüler ihre Ergebnisse gegenseitig in Kleingruppen vor.

Fortführen angefangener Gedanken

Die Lehrkraft gibt den Schülern angefangene Sätze an die Hand, die diese vervollständigen sollen. Durch solche Impulse werden sie zu ersten Stellungnahmen zu Schlüsselthemen des Romans angeregt. Die Schülerergebnisse können auf einer Stellwand gesammelt und inhaltlich ähnliche Sätze zu Gruppen zusammengestellt werden.

- *Vervollständigen Sie diese Sätze so, dass sie Ihre persönlichen Ansichten widerspiegeln.*

Denkbare Satzanfänge:

- Alexander von Humboldt bedeutet für mich ...
- Bei Carl Friedrich Gauß denke ich an ...
- Der Mensch braucht die Naturwissenschaft, weil ...
- Der wissenschaftliche Fortschritt ist abzulehnen, weil ...
- Die Vermessung der Welt ist in meinen Augen ...
- In ferne Kontinente zu reisen heißt ...
- Der Mensch muss sein Zuhause eigentlich niemals verlassen, weil ...

Die vervollständigten Sätze können an einer Stellwand gesammelt und als Grundlage für ein möglicherweise kontrovers verlaufendes Unterrichtsgespräch genutzt werden.

Biografischer Fragebogen

Die Schüler erstellen jeweils einen Fragebogen zu einer der beiden Hauptfiguren des Romans, die in einem zweiten Arbeitsschritt mit dem Banknachbarn getauscht und von diesem aus Sicht der jeweiligen Figur ausgefüllt werden. Auf diesem Wege wiederholen und sammeln die Schüler wesentliche biografische Fakten über Humboldt und Gauß. Der Arbeitsauftrag könnte folgendermaßen lauten:

- *Stellen Sie sich vor, Sie könnten Gauß/Humboldt persönlich zum Ausfüllen eines Fragebogens bewegen. Entwerfen Sie einen Fragenkatalog, der Gauß/Humboldt auf möglichst vielfältige Weise charakterisiert, und lassen Sie diesen Fragebogen anschließend von Ihrem Banknachbarn ausfüllen.*

Um das Verfahren abzukürzen, kann ein solcher Fragebogen den Schülern auch als Arbeitsblatt vorgelegt werden (siehe **Arbeitsblatt 5**, S. 33).

Erstellen einer Reise- und Leseroute

Eine etwas kompliziertere und zeitaufwändigere Aufgabe besteht darin, die Schüler eine Stationenkarte zu den Lebenswegen der beiden Hauptpersonen erstellen zu lassen. Mithilfe eines geografischen Atlanten sollen die Umrisse von Europa, Amerika und eventuell auch von Kleinasien aufgezeichnet und durch die im Roman genannten Reiserouten Humboldts sowie die wesentlichen Aufenthaltsorte im Leben Gauß' ergänzt werden.

- *Erarbeiten Sie eine die Romanhandlung illustrierende Landkarte, indem Sie möglichst präzise die im Roman genannten Reiserouten Humboldts und die einzelnen Lebensmittelpunkte Gauß' eintragen.*

Auf diese Weise wird den Schülern deutlich, welch großer Aktionsradius das Leben Humboldts prägte, während Gauß sein ganzes Leben lang Europa nicht verließ.

Alternative: Ebenso ist es möglich, die Umrisse der Karte mittels eines Overheadprojektors auf eine große weiße Papierfläche an der Wand des Klassenzimmers zu übertragen und die Orte und Wege dort einzuzeichnen. Die Karte kann an der Wand verbleiben und während der gesamten Sequenz immer wieder mit in den Unterricht einbezogen werden.

Eine interessante Zusatzaufgabe besteht darin, die im Buch beschriebene Südamerikaroute mit dem historischen Verlauf zu vergleichen, da Kehlmann aus Gründen der literarischen Konzentration nur einige wichtige Etappen verarbeitet, weshalb die eindrucksvolle Dimension des Expeditionsvorhabens nicht so deutlich hervortritt.

1.4 Das erste Kapitel als Exposition

1.4.1 Die inhaltliche Ebene

Im ersten Kapitel finden sich bereits sämtliche thematischen Facetten angedeutet, die für den gesamten Roman charakteristisch sind. Somit kann man dem Kapitel durchaus die Funktion einer Exposition zuschreiben. Einerseits werden Humboldt und Gauß, beide zum Zeitpunkt des Aufeinandertreffens bereits gealtert, als Menschen und als Wissenschaftler sowie in ihren sozialen Bezügen vorgestellt, andererseits spielt auch die politische Lage in Deutschland eine Rolle. Eine entsprechende Untersuchung des Kapitels dient dazu, die Schüler auf die folgenden Bausteine einzustimmen. Das Kapitel ist zunächst von den Schülern auf die darin enthaltenen Themen zu untersuchen. Anschließend können die Ergebnisse in einem Tafelbild festgehalten werden.

- *Betrachten Sie das erste Kapitel als Exposition und untersuchen Sie es auf Themen und Motive, die im weiteren Verlauf des Romans wieder aufgegriffen werden.*

Mögliches Tafelbild:

Das erste Kapitel als Exposition

Gauß ← Persönliches Aufeinandertreffen 1828 → **Humboldt**

Thematische ↓ Kategorien

genießt Ansehen als „größter Mathematiker des Landes", abstrakte Betrachtung wissenschaftlicher Probleme	**Wissenschaftler**	auch im Alter noch ungebändigter Drang zu praktischem Forschen und Experimentieren
überheblich, rücksichtslos, mürrisch	**Persönlichkeit**	strebsam, pflichtbewusst, auf öffentliche Wirkung bedacht
Familie, Sohn Eugen als Reisebegleiter	**Soziales Umfeld**	Sekretär sowie der Wissenschaftler Daguerre
Sympathie für Napoleon, Kritiker der studentischen Nationalbewegung	**Politische Position**	Untertan des preußischen Königs

1.4.2 Die stilistische Ebene

Auch die für Kehlmann typische Erzählweise kann bereits anhand des 1. Kapitels untersucht werden. Stellt man diese Aspekte bereits an den Anfang der Textarbeit, kann in späteren Arbeitsschritten immer wieder wiederholend und vertiefend darauf Bezug genommen werden. Auffällig sind vor allem der Gebrauch der indirekten Rede sowie die stets präsente Situationskomik.

- *Beschreiben Sie die besonders auffälligen Eigenheiten der Erzählweise Kehlmanns anhand des ersten Kapitels.*

Die folgenden Ergebnisse können als Grundlage für ein Tafelbild dienen:

- **Die indirekte Rede:**

  Der Autor bedient sich der indirekten Rede, um die Dialoge nicht zu trivial erscheinen zu lassen. Die wörtliche Rede würde eine Authentizität des Zitats vorspiegeln, deren Durchschaubarkeit beim Leser aber letztlich das Gegenteil bewirken und den fiktiven Charakter des Texts nur umso stärker betonen würde. Mit der indirekten Rede bleibt dagegen gewissermaßen die historische Distanz zur Szene gewahrt. Dieser Effekt lässt sich den Schülern im Übrigen besonders gut veranschaulichen, wenn diese einen beliebigen Dialog aus dem 1. Kapitel in die direkte Rede umformulieren und dann die veränderte Wirkung auf den Rezipienten beschreiben sollen.

- **Der Humor:**

  Der Humor lebt vor allem vom starken Kontrast zwischen der Erwartung des Lesers an einen historischen Roman, der genretypisch von verdienstvollen Persönlichkeiten und von respekteinflößenden Autoritäten erzählt, und der tatsächlich erzählten Situation. Hierzu einige Beispiele: Gauß erscheint als komische Figur, weil er sich nicht wie ein weltberühmter Gelehrter, sondern wie ein störrischer und kindischer Greis verhält, beispielsweise wenn er das Bett nicht verlassen will (S. 7), den technischen Fortschritt als „neumodisch" abtut (S. 8), das nicht sein Gefallen findende Buch seines Sohnes aus der Kutsche wirft (S. 9) und weithin vernehmbar schnarcht (S. 16). Ebenfalls komische Züge trägt die Ankunftsszene: Humboldt möchte das Ereignis als historischen Moment gewürdigt und fotografiert wissen (S. 15), aber Gauß' Ungeduld lässt keinerlei Pathos aufkommen. Außerdem enthält der Text humorvolle Anspielungen auf die Gegenwart des Lesers, beispielsweise wenn über den künftigen Weltstadtrang Berlins spekuliert wird (S. 14) oder wenn der pflichtbewusste, aber überforderte Polizeibeamte karikiert wird (S. 16). Zudem deutet der Autor auch eine augenzwinkernde Selbstironie an, als Gauß die Befürchtung äußert, in zweihundert Jahren könne „jeder Dummkopf Unsinn über seine Person erfinden" (S. 9).

Notizen

Porträts von Gauß und Humboldt

Carl Friedrich Gauß.
Gemälde von Christian Albrecht Jansen,
um 1850

Alexander von Humboldt.
Kopie des Gemäldes von
Georg Friedrich Weitsch, 1806

Weltkarten vor und nach Humboldt

Weltkarte von Blaeu (1665)

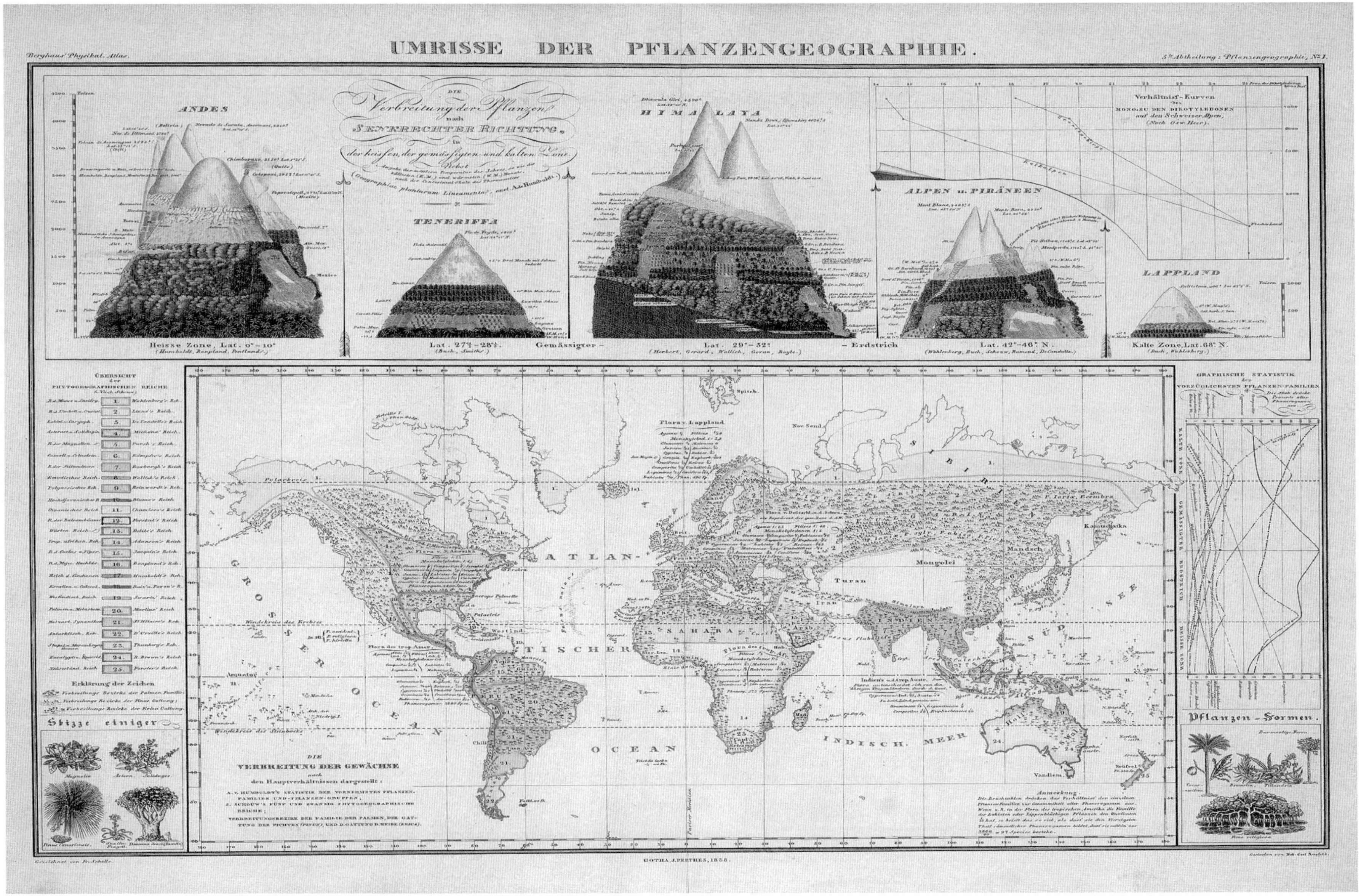

Weltkarte von Alexander von Humboldt

■ *Vergleichen Sie die beiden Weltkarten. Benennen Sie auffällige Gemeinsamkeiten und Unterschiede.*

Pflanzengeografisches Profil der Anden

Literarisches Alphabet

D ____

I ____

E ____

V ____

E ____

R ____

M ____

E ____

S ____

S ____

U ____

N ____

G ____

D ____

E ____

R ____

W ____

E ____

L ____

T ____

■ *Füllen Sie das Arbeitsblatt aus. Jeder Buchstabe ist als Wortanfang zu betrachten, der einen persönlichen Gedanken zum Roman einleitet.*

Biografischer Fragebogen

Humboldt

Vollständiger Name: ______________________________

Soziale Herkunft: ______________________________

Ausbildung: ______________________________

Berufe: ______________________________

Größte berufliche Leistung: ______________________________

Größter Misserfolg: ______________________________

Politische Einstellung: ______________________________

Lebensmotto: ______________________________

Größter Lebenstraum: ______________________________

Lustigstes Erlebnis: ______________________________

Traurigstes Erlebnis: ______________________________

Traumfrau: ______________________________

✂ -

Gauß

Vollständiger Name: ______________________________

Soziale Herkunft: ______________________________

Ausbildung: ______________________________

Berufe: ______________________________

Größte berufliche Leistung: ______________________________

Größter Misserfolg: ______________________________

Politische Einstellung: ______________________________

Lebensmotto: ______________________________

Größter Lebenstraum: ______________________________

Lustigstes Erlebnis: ______________________________

Traurigstes Erlebnis: ______________________________

Traumfrau: ______________________________

■ *Füllen Sie das Arbeitsblatt so komplett aus, wie es Ihnen Ihr Textwissen erlaubt. Besprechen Sie die Ergebnisse mit Ihrem Banknachbarn oder Ihrer -nachbarin.*

Baustein 2

Biografie und Charakter

In diesem Baustein steht die Charakterisierung der beiden Hauptpersonen im Mittelpunkt. Da der Roman als parallel strukturierte Doppelbiografie aufgebaut ist, drängt sich die vergleichende Perspektive geradezu auf. Thematisch ergeben sich dabei immer wieder kaum vermeidbare Überschneidungen mit den Inhalten der Bausteine 3: Der Wandel in der Wissenschaft, und 4: Das Altern. Diese Überschneidungen bieten freilich im Hinblick auf die Unterrichtsgestaltung gute Gelegenheiten, um die im Baustein 2 erworbenen Grundlagen zu wiederholen und zu vertiefen.

2.1 Die jungen Forscher

2.1.1 Humboldts Weg ins Forscherleben

Die erste Lebensphase Humboldts wird im Kapitel „Das Meer" auf den S. 19–30 geschildert. Die Beschreibung seiner Kindheit und Jugend im Roman dient in erster Linie dazu, Grundzüge der Persönlichkeit Humboldts als Resultat frühkindlicher Prägungen zu erklären. Besonderes Gewicht liegt dabei zum einen auf der spannungsvollen Beziehung zu seinem Bruder Wilhelm, zum anderen auf den Motiven, die sein späteres wissenschaftliches Interesse bestimmen. Außerdem wird der die Bildung Humboldts beeinflussende geistige Zeithintergrund zwischen Weimarer Klassik, Empfindsamkeit und dem vorherrschenden wissenschaftlichen Weltbild, verkörpert in der Lehre des Neptunismus, mit einbezogen.
Besonders bestimmend ist das Konkurrenzverhältnis zwischen den Brüdern Wilhelm und Alexander von Humboldt. Auf eine orakelhafte Äußerung Goethes hin werden die Söhne in unterschiedlichen Disziplinen ausgebildet. Das enorm große Unterrichtspensum wird durch Fachleute „auf Universitätsniveau" durchgeführt (vgl. S. 20). Alexander, „wortkarg und schwächlich" (S. 20), zeigt schon früh sein Interesse für eine experimentelle Erfassung der Welt, wenn er sich mit biologischen Klassifikationssystemen und mit Blitzableitern beschäftigt (vgl. S. 20). Der Physiker Marcus Herz, ein Schüler Kants, lehrt Alexander, angsteinflössende Naturerscheinungen mittels wissenschaftlicher Messungen zu bannen (vgl. S. 22). Dabei steht der eher durchschnittliche, behäbige Schüler Alexander (vgl. S. 20) im Schatten seines älteren Bruders, der sein Umfeld begeistert, selbstsicher und altklug auch gegenüber bedeutenden Persönlichkeiten auftritt (vgl. S. 20) und sich schon in frühen Jahren den Ruf geistiger Brillanz erwirbt (vgl. S. 20 f.). Offenkundige Schikanen und sogar einen Giftanschlag durch Wilhelm erduldet Alexander im Stillen, da die Erwachsenen Wilhelm ohne Zweifel mehr Glauben schenken würden (vgl. S. 21).
Als Alexander, beeindruckt von einer spannenden Abenteuererzählung, seinen Traum von einer Forschungsfahrt auf dem Orinoko vorbringt, quittiert Wilhelm das ehrgeizige Vorhaben nur mit Spott (vgl. S. 21 f.). Die früh als drückend empfundene Überlegenheit des Bruders erscheint im Roman also, neben der elterlichen Erwartungshaltung, als Hauptursache für Alexanders späteren Forscherehrgeiz. In diesem Zusammenhang beharrt Wilhelm auf dem Charakter ihrer beider Erziehung als „großen Versuch", dem sich keiner der beiden durch Schwäche entziehen dürfe (vgl. S. 24). Um die innere Stärke des Bruders auf die Probe zu stellen, lockt Wilhelm ihn absichtlich auf das dünne Eis eines Sees. Alexander bricht ein und

erfährt im Todeskampf gegen das Fieber die Kraft des Willens (vgl. S. 24f.). Von da an legt Alexander ein wesentlich strebsameres und zäheres Wesen an den Tag (vgl. S. 25f.). Ein Besuch bei einem Botaniker gibt ihm schließlich endgültig die Richtung vor: Er will sein Leben künftig in den Dienst der Erforschung des Lebens stellen (vgl. S. 26).
Das geistige Umfeld, in dem die Erziehung der Brüder stattfindet, ist einerseits geprägt vom literarischen Salon der „Tugendbündler", in dem das gefühlszentrierte Gedankengut der Empfindsamkeit gepflegt wurde (vgl. S. 22f.), andererseits vom Geist der Aufklärung. Beispielhaft steht hierfür La Mettries Buch „L'homme machine", ein Meilenstein des rationalistischen Weltbildes, das Alexanders Weltsicht offensichtlich beeinflusst (vgl. S. 23). Aber die Wissenschaftslandschaft als Ganze wird noch stark von vormodernen Ansichten dominiert: So herrscht bei den geistigen Eliten offenbar noch ein allgemeiner Konsens über die zweifelsfreie Gültigkeit des Neptunismus. Dabei handelt es sich um eine geophysikalische Theorie, derzufolge sämtliche Gesteine auf der Erde Ablagerungen eines „Urmeers" darstellen. Damit verknüpft ist die Annahme eines kalten Erdkerns. Den Gegenpol hierzu bildet der sogenannte „Vulkanismus", der von der Existenz eines zentralen Vulkanfeuers im Erdinnern ausgeht. Der Neptunismus wird von intellektuellen Größen wie Goethe ebenso wie von den Kirchen praktisch als Glaubenssatz vertreten (vgl. S. 29, siehe außerdem S. 36f.). Auch die Einstellung der breiten Gesellschaft dem wissenschaftlichen Fortschritt gegenüber stellt sich als ambivalent dar: Pionierleistungen in der Forschung, wie beispielsweise der Flug des ersten Heißluftballons, stoßen durchaus auf neugieriges Interesse bei der Bevölkerung, verunsichern diese aber auch (vgl. S. 28).
Der sich auf den jungen Humboldt beziehende Romanauszug sollte mit den Schülern durchaus intensiv bearbeitet werden, da sich wichtige Erklärungsansätze für Humboldts Persönlichkeitsstruktur herausarbeiten lassen. Durch einen Vergleich der beiden Brüder kann die kontrastierende Wirkung des ungleichen Brüderpaars sinnvoll für die Interpretation genutzt werden.

■ *Erarbeiten Sie aus den Seiten 19–23 eine vergleichende Charakterisierung der beiden Brüder. Stellen Sie die einzelnen Charakterzüge und Wesensmerkmale stichwortartig gegenüber.*

Vergleich zwischen den Brüdern Humboldt

Alexander

- schüchtern, schwächlich (S. 20)
- Interesse an Naturwissenschaft (S. 20, 22)
- schwerfälliger Lerner (S. 20)
- steht im Schatten des Bruders (S. 20f.)
- erduldet Schikanen vonseiten Wilhelms (S. 21)
- will im späteren Leben Berühmtheit erlangen (S. 22)
- Faszination für rationale Welterklärungen (S. 23)

← *Rivalität* →

Wilhelm

- großes Selbstbewusstsein (S. 20)
- Ausbildung in Sprache und Literatur (S. 20)
- intellektuelle Brillanz (S. 20f.)
- bestimmend gegenüber Alexander, schikaniert Bruder (S. 21)
- traut Alexander keine besonderen Leistungen zu (S. 22)

Geltungsbedürfnis als Triebfeder für Alexanders Ehrgeiz

Alternativ könnte man versuchen, die beiden Brüder sich wechselseitig charakterisieren zu lassen. Hierzu werden die folgenden beiden Aufträge als arbeitsteilige Partnerarbeit ausgeführt:

- *Versetzen Sie sich in den jungen Alexander von Humboldt. Beschreiben Sie den Bruder Wilhelm in Form eines Tagebucheintrags (Textgrundlage: S. 19–23).*
- *Versetzen Sie sich in den jungen Wilhelm von Humboldt. Beschreiben Sie den Bruder Alexander in Form eines Tagebucheintrags (Textgrundlage: S. 19–23).*

Eine weitere wichtige Funktion kommt dem Kapitel „Das Meer" deswegen zu, weil darin biografische Faktoren für die Entstehung des Forscherehrgeizes bei Humboldt erzählt werden, die für die weitere Textinterpretation von großer Bedeutung sind.

- *Zeigen Sie anhand der Seiten 19–26, welche biografischen Fakten und Wendepunkte der Forscherpersönlichkeit Alexanders zugrunde liegen.*

Die Bearbeitung dieser Aufgabe dürfte auf eine inhaltliche Differenzierung hinauslaufen. Zu unterscheiden, wenn auch nicht durchgängig voneinander zu trennen, ist das wissenschaftliche Interesse Humboldts an der Natur sowie sein persönlicher Ehrgeiz. Unter Umständen sind die Schüler bereits beim Vorstellen der Aufgabenstellung auf diese Unterscheidung hinzuweisen.

Warum wird man Wissenschaftler? Die Ausbildung von Humboldts Forscherpersönlichkeit

Interesse an der Naturwissenschaft:

- Erziehung zum Naturwissenschaftler (S. 20)
- frühe experimentelle Beschäftigung mit natürlichen Phänomenen (S. 20)
- Überwindung der Angst durch wissenschaftliche Erklärung (S. 22)
- Begegnung mit der botanischen Praxis (S. 26)

Persönlicher Ehrgeiz:

- Abenteuerreise als Mutprobe (S. 22)
- Erwartungen des Umfelds (S. 20)
- Konkurrenzdruck durch Bruder (S. 20–22)
- Erfahrung der Kraft des Überlebenswillens (S. 24–26)

Ehrgeiziger Naturforscher

Um das geistige Umfeld des Humboldt'schen Erziehungsprozesses zu erschließen, kann außerdem folgende Aufgabe bearbeitet werden:

- *Beschreiben Sie das geistige Umfeld, in dem die Erziehung der beiden Brüder stattfindet (S. 19–30).*

Bedeutsam ist vor allem der Kontrast zwischen der gefühlsorientierten Strömung der Empfindsamkeit und der Vernunftgläubigkeit der Aufklärung. Letztere wird von Alexander eindeutig bevorzugt, vielleicht aus Unsicherheit im emotionalen Bereich, vielleicht auch, weil die Briefe des Bruders an Henriette erfolgreicher sind (vgl. S. 23) und Alexander ein Konkur-

renzverhalten auf zwischenmenschlichem Gebiet als aussichtslos betrachtet. In diesem Kontext sollten die Schüler die Präsenz verschiedener Repräsentanten der Weimarer Klassik und der Aufklärung im Umfeld der Familie Humboldt registrieren, z. B. Goethe oder auch den Kant-Schüler Marcus Herz.
Je nachdem, als wie firm sich die Schüler im Bereich der Geistesgeschichte des 18. Jahrhunderts erweisen, sollte sich die Aufmerksamkeit bemessen, die die Lehrkraft diesem Thema widmet. Methodisch denkbar wäre zum einen der Einsatz eines Sachtexts (siehe **Arbeitsblatt 6**, S. 43), oder zum anderen ergänzende Schülerreferate, eigenständige Recherchen im Internet (vielleicht als Hausaufgabe) oder referierende Ausführungen im Lehrervortrag.

2.1.2 Gauß, das frühe Genie

Gauß wächst in einfachsten Verhältnissen in einem Braunschweiger Armenviertel auf (vgl. S. 55). Der Vater, von Beruf Gärtner, vermag aufgrund seines als schlicht beschriebenen Gemüts der Erziehung seines Sohnes keine Impulse zu geben. So erschöpft sich die Definition des Deutschseins für ihn in einem aufrechten Gang (vgl. S. 53 f.). Zur Mutter, „mollig und melancholisch" (S. 54), entwickelt Gauß dagegen eine intensive emotionale Bindung (vgl. S. 53), die ein Leben lang anhält.
Seine enormen geistigen Begabungen treten bereits in frühester Kindheit auf: Er lernt binnen kürzester Zeit rechnen und lesen. Die eigene gedankliche Schnelligkeit empfindet er dabei vor allem als Langsamkeit seiner Umgebung, der er sich nach Möglichkeit anzupassen versucht, um nicht aufzufallen (vgl. S. 54). Die Tröstungen der einfachen Menschen, zum Beispiel religiöse Erbauungsliteratur, die Gauß als „langweilig" einstuft, führt er auf eine grundsätzliche Verweigerung dem Gebrauch des Denkens gegenüber zurück (vgl. S. 55). Auf der anderen Seite erlebt Gauß seine vertiefte Erkenntnis der Wirklichkeit auch als eine stete Quelle existenzieller Traurigkeit (vgl. S. 59).
Als dem Volksschullehrer die enorme Begabung des Jungen auffällt (vgl. S. 58), erfährt er fortan eine intensive schulische Förderung durch einen Mathematikstudenten (vgl. S. 58), was ihn jedoch vor keinerlei kognitive Schwierigkeiten stellt (vgl. S. 60). Allerdings muss Gauß, der aufgrund seiner Anlagen aufs Gymnasium gehen darf, begreifen, dass er seine Begabung nicht zu offen zur Schau stellen darf: Der Pastor beispielsweise vermutet hinter einem solchen Verhalten die Sünde des Hochmuts (vgl. S. 61).
Überhaupt fällt es Gauß angesichts seiner Ausnahmestellung schwer, lediglich auf Tradition beruhende Autoritäten ernst zu nehmen. So empfindet er die Existenz absolutistischer Fürsten als Anachronismus (vgl. S. 61). Die Audienz beim Herzog, die ihm ein Stipendium einbringt, bestärkt ihn in seiner Einstellung, wird er doch vom Herzog, der offenkundig der geistigen Durchschnittlichkeit seiner Untertanen entspricht, nur als unterhaltsamer „Rechenkünstler" gesehen (vgl. S. 61 f.). Eine Ballonfahrt mit den Franzosen Pilatre gibt Gauß Gelegenheit, sich räumlich und innerlich über die geistige Schlichtheit seiner Umgebung zu erheben und dabei kühne Zukunftserwartungen (vgl. S. 66) sowie tiefe wissenschaftlich-mathematische Einsichten (vgl. S. 67) zu formulieren. Eine mögliche technische Verbesserung am Ballon behält Gauß für sich, um den Konstrukteur Pilatre nicht durch eine Unhöflichkeit zu verärgern (vgl. S. 68).
Das auf die angesprochene Textpassage bezogene Unterrichtsziel besteht darin, dass die Schüler den Zusammenhang zwischen Biografie und charakterlicher Entwicklung bei Gauß erkennen. Sinnvoll erscheint beispielsweise folgender Arbeitsauftrag:

- *Gauß gilt seit seiner Kindheit als überlegenes Genie. Erarbeiten Sie aus dem Kapitel „Der Lehrer" (S. 53–68) seine entsprechenden Kindheitserfahrungen sowie die erkennbaren Auswirkungen auf seine charakterliche Entwicklung.*

Der junge Gauß – ein Genie

Gauß —erlebt→ geistige Überlegenheit über —führt zu→ Überheblichkeit, Melancholie

privates Umfeld
- Eltern (S. 53–54)

Vertreter der Wissenschaft (S. 55–58)
- Lehrer Büttner
- Mathematikstudent Bartels (S. 58 f.)
- Ballonkonstrukteur Pilatre (S. 67 f.)

Vertreter der gesellschaftlichen Eliten
- Pastor = Vertreter der Religion (S. 60 f.)
- Herzog = Vertreter der politischen Macht (S. 61–63)

Eine sinnvolle Abrundung des Abschnitts könnte in einem Charaktervergleich zwischen dem jungen Humboldt und dem jungen Gauß bestehen.

■ *Vergleichen Sie mithilfe einer geeigneten Tabelle die von Ihnen erarbeiteten biografischen Fakten zur Jugendzeit der beiden Protagonisten.*

Gauß und Humboldt – Zwei Kindheiten im Vergleich

Gauß	Humboldt
• einfache Abstammung	• niederer Adel
• Vater spielt in Erziehung keine große Rolle	• Vater bereits verstorben
• intensive emotionale Mutterbindung	• Mutter bemüht sich um Ausbildung
• Einzelkind	• Konkurrenz zu älterem, überlegenen Bruder
• mathematische Begabung	• experimentelles Interesse
• müheloses Lernen	• Lernen als Willensanstrengung
↓	↓
Überlegenheitsgefühl	**Drang nach Selbstbestätigung**

2.2 Charakterisierung der Forscherpersönlichkeiten

An die Analyse der Kindheit und Jugend der beiden Protagonisten sollte sich die Untersuchung der charakterlichen Wesensmerkmale der beiden erwachsenen Forscher anschließen. Thematisch gehört auch das Altern der beiden Hauptfiguren in diesen Baustein, es erscheint jedoch sinnvoller, diesen Aspekt als eigenständigen Abschnitt zu behandeln, mit dem sich die Bausteine 2 und 3 interpretatorisch abrunden lassen.
Die nun folgende Charakterisierung geschieht zweckmäßigerweise auf einer eingeschränkten Textgrundlage, um diesen Arbeitsschritt nicht zu sehr ausufern zu lassen. Für die Beschreibung Humboldts bietet sich beispielsweise die zweite Hälfte des Kapitels „Meer“ an

(S. 29–51), im Falle von Gauß erweist sich das Kapitel „Die Zahlen" (S. 81–98) als besonders zweckdienlich. Die aus diesen Textabschnitten destillierten Charakterzüge begegnen dem Leser in den späteren Kapiteln immer wieder. Auch bei der Bearbeitung anderer Bausteine, vor allem bei Baustein 3 „Der Wandel in der Wissenschaft", kann auf die Ergebnisse wiederholend und vertiefend Bezug genommen werden.

2.2.1 Humboldt: Forschung durch Selbstentsagung

An der Bergbauakademie in Freiberg verfolgt Humboldt seine Ausbildungsziele geradezu mit Verbissenheit. Das hohe Arbeitspensum lässt keinen Raum für private Kontakte (vgl. S. 30), selbst an der Hochzeit des Bruders nimmt er nicht teil (vgl. ebenda). Eine Eheschließung steht der Lebensplanung Humboldt ebenfalls im Wege (vgl. ebenda), und Eigenschaften, die seinem Forscherdrang hinderlich sind, wie beispielsweise seine Platzangst, versucht er systematisch einzudämmen (vgl. ebenda). Außerdem zeigt sich in Freiberg seine von der Wissenschaftstradition unbeeinflusste Sicht auf die Forschungsobjekte. Sein Lehrer Abraham Werner, „einer der letzten Alchimisten" (S. 29), vertritt mit der Lehre des Neptunismus eine Mischung aus rationaler Welterklärung und abergläubischer Weltsicht, wobei das Letztere im Vordergrund zu stehen scheint: Werner wirkt nicht intelligent und betrachtet die Einstellung zu wissenschaftlichen Theorien als Glaubensbekenntnis (vgl. ebenda). Wissenschaft ist für Werner zudem nicht von dem sozialen Aspekt zu trennen: Ein ernsthafter Wissenschaftler habe die gesellschaftliche Konvention zu beachten und zu heiraten (vgl. S. 30). Humboldt dagegen prüft den Neptunismus mithilfe eigener Naturbeobachtungen und erkennt unbefangen Widersprüche zur Autorität der überlieferten Theorie.
Nach der Ausbildung folgt die Arbeit als Bergwerksinspektor in Diensten Preußens. Die Uniform trägt Humboldt mit Stolz (vgl. S. 31), offenbar erlebt er diese als Aufwertung und als Prestigegewinn. Seinen Beruf verfolgt er mit großem Arbeitseinsatz und Pflichtbewusstsein und vernachlässigt darüber sogar elementare physische Bedürfnisse wie Essen und Schlafen (vgl. S. 31), auch wenn ihn offensichtlich seine Tätigkeit nicht ausfüllt, da ihm der Sinn seines Tuns eigentlich nicht so recht klar ist (vgl. ebenda).
Ein zentrales Element im Leben Humboldts stellt weiterhin seine unbezähmbare wissenschaftliche Neugier dar: Neue Entdeckungen bereiten ihm richtiggehend Lustgefühle (vgl. S. 32). In einem Selbstexperiment zum Galvanismus (vgl. S. 31) schont er weder die eigene Gesundheit noch nimmt er Rücksicht auf die Empfindungen und Skrupel seines ihm assistierenden Dieners. Die Überwindung der eigenen Schmerzgrenze stellt für Humboldt ein wichtiges Mittel zur Erkenntnisgewinnung dar (S. 33). Seine Erfindungen dienen Humboldt zudem oft als Hilfsmittel zur Überwindung natürlicher Grenzen (vgl. S. 34): Mit einer selbstentwickelten Gaslampe unternimmt Humboldt einen Forschungsgang in einer Miene, bei dem er beinahe an einer Gasvergiftung stirbt. Um seine Forschungen dennoch fortführen zu können, konstruiert er einen Beatmungsapparat.
Mit dem Tod der Mutter (vgl. S. 34–36) ergibt sich ein wichtiger biografischer Wendepunkt: Humboldt, den die bürgerliche Karriere nicht ausfüllt („Weil das alles viel zu wenig sei", S. 36), kann nun, aller familiären Verpflichtungen ledig, sein Leben ganz der Forschung widmen. Er übt sich im Gebrauch der modernsten wissenschaftlichen Gerätschaften (vgl. S. 37f.) und versucht, sich systematisch an das Ertragen von Schmerzen zu gewöhnen (vgl. S. 38).
Für die Textarbeit bieten sich zwei Wege an: Entweder eine systematische beziehungsweise problemorientierte Auswertung, an deren Ende ein gemeinsam erarbeitetes Tafelbild stehen könnte, oder eine kreative Schreibaufgabe.

- *Erstellen Sie eine Charakterisierung der Forscherpersönlichkeit Humboldts, wie Sie Ihnen auf den Seiten S. 29–38 entgegentritt.*

Das Tafelbild kann sich beispielsweise an den oben angeführten Textdarlegungen orientieren. Eine problemorientierte Charakterisierung wiederum könnte Bezug nehmen auf die vielfältigen Hindernisse, die Humboldt in seiner Forscherarbeit zu überwinden trachtet. Also könnte eine Variante zur Aufgabenstellung lauten:

- *Erstellen Sie eine Charakterisierung der Forscherpersönlichkeit Humboldts, wie Sie Ihnen auf den Seiten S. 29–38 entgegentritt. Gehen Sie von den Begrenzungen aus, die Humboldt in seinem Leben zu überwinden versucht.*

Gegen alle Hindernisse: Humboldts Durchsetzung seiner Forscherleidenschaft

Bregenzung durch	Versuche zur Überwindung	
• persönliche Bindungen	Verzicht auf Privatleben (S. 30) frei nach Tod der Mutter (S. 36)	→ Humboldts Persönlichkeit als Forscher
• überholte Wissenschaftskonzepte	vorurteilsfreie Auswertung von Experimenten (S. 30)	
• physische Grenzen	Ertragen von Schmerzen (S. 33) neue Erfindungen (S. 34)	
• einen unbefriedigenden Beruf	Kündigung, künftiges Leben als Forscher (S. 36)	

Eine mögliche Alternative ist folgender Schreibauftrag:

- *Stellen Sie sich vor, Sie wären der Vorgesetzte des Bergwerkinspektors Humboldt und hätten eine Dienstbeurteilung über ihn zu verfassen. Ihre Beurteilung soll nicht nur das dienstliche Verhalten, sondern auch Persönlichkeitsmerkmale umfassen und auf Stärken und Schwächen Humboldts eingehen, die für die weitere berufliche Zukunft wichtig sein könnten. Stützen Sie sich dabei auf S. 29–34.*

2.2.2 Gauß: Ein Genie am Rande des Selbstmords

Das Lebenswerk des hochbegabten Gauß, der sich endgültig für die Mathematik und gegen die Altphilologie entscheidet (vgl. S. 85), gelingt schon in frühen Jahren. So stellt bereits die Konstruktion eines regelmäßigen Siebzehnecks mit einfachen geometrischen Hilfsmitteln eine epochemachende Entdeckung dar (vgl. S. 82). Ein komisches Moment des Romans besteht dabei in den oft widrigen Umständen, von denen die wesentlichen Erkenntnisschritte Gauß' begleitet werden, zum Beispiel eine akute Zahnschmerzattacke (vgl. S. 81).
Seine ungewöhnliche geistige Begabung entfernt Gauß aber von den einfachen Menschen (vgl. S. 82). Von diesen versucht er sich auch konsequent fernzuhalten: So wird ihm eine Kutschenreise mit anderen Menschen geradezu zur unerträglichen Belastung (S. 93). Auch vom alltäglichen Leben und von den Ereignissen in der Politik weiß Gauß nichts (vgl. S. 97f.). Hinzu kommt seine Bequemlichkeit, die ihn vor körperlicher Beanspruchung und den damit verbundenen Risiken zurückschrecken lässt. Die praktische Arbeit als Landvermesser gibt er bald wieder auf (vgl. S. 90). Seine Einsamkeit wird verstärkt durch die Sehnsucht

nach seiner Mutter (vgl. S. 83, 92). Als Kompensation besucht er Prostituierte, vor allem die Russin Nina (vgl. S. 86). Zu seiner späteren Frau Johanna fühlt er sich durchaus innerlich hingezogen, sie ist die einzige Frau, die ihm geistig zumindest teilweise gewachsen ist (vgl. S. 89) und ihn zeitweise von der Wissenschaft abzulenken vermag (vgl. S. 90f.). Allerdings verweigert sie sich zunächst einer Hochzeit, weil sie an der Möglichkeit zweifelt, auf Dauer an der Seite Gauß' existieren zu können, von dem sie annimmt, dass er „Leben und Kraft aus den Menschen seiner Umgebung ziehe" (S. 93).

Überdies leidet Gauß auch an seiner überdurchschnittlichen Erkenntnisfähigkeit: Einerseits ist er überzeugt, durch das Eindringen in die mathematischen Geheimnisse die Wirklichkeit vertieft erfassen zu können (vgl. S. 86), andererseits stößt er immer wieder auf die Unvollkommenheit der weltlichen Existenz (vgl. S. 88, 99). Überhaupt empfindet Gauß eine starke Diskrepanz zwischen seiner Begabung und den Unzulänglichkeiten seines Zeitalters (vgl. S. 82, 83, 98). Zudem verläuft auch die persönliche Begegnung mit Immanuel Kant enttäuschend: Der weltberühmte Philosoph ist zum kindlichen Greis geworden und vermag die kühnen Theorien Gauß' zum nichteuklidischen Raum nicht einmal ansatzweise nachzuvollziehen (vgl. S. 95f.). Dabei kündigt sich darin ein Paradigmenwechsel unseres Wirklichkeitsverständnisses an: Während für Kant unsere Raum- und Zeitanschauung noch fixe Prämissen bilden, die wir in unserem Denken nicht transzendieren können, entwickelt Gauß bereits eine Vorstellung von der Existenz nichtrealer Räume, die mit den seit Euklid gebräuchlichen geometrischen Grundannahmen nicht mehr beschrieben werden können. Im Rahmen dieser im 19. und 20. Jahrhundert erarbeiteten nichteuklidischen Theorie entstanden viele elementare Erkenntnisse der modernen Physik, beispielsweise die Relativitätstheorie Einsteins.

Als Gauß mit Anfang zwanzig sein Hauptwerk zur Arithmetik verfasst, wird ihm klar, dass er als Wissenschaftler nichts Größeres mehr leisten wird (vgl. S. 92). Er fürchtet ein künftiges Leben im Mittelmaß und den langsamen Abbau der geistigen Fähigkeiten im Alter (vgl. S. 99). Die daraus entstehende Lebenskrise führt ihn bis kurz vor den Selbstmord, vor dem ihn nur die Annahme seines Antrags durch Johanna bewahrt.

- *Zeigen Sie, welche biografischen Faktoren der Suizidabsicht Gauß' zugrunde liegen könnten und warum er sein Vorhaben schließlich nicht ausführt (Text S. 81–99).*

Gauß zwischen Genialität und Selbstmordabsicht

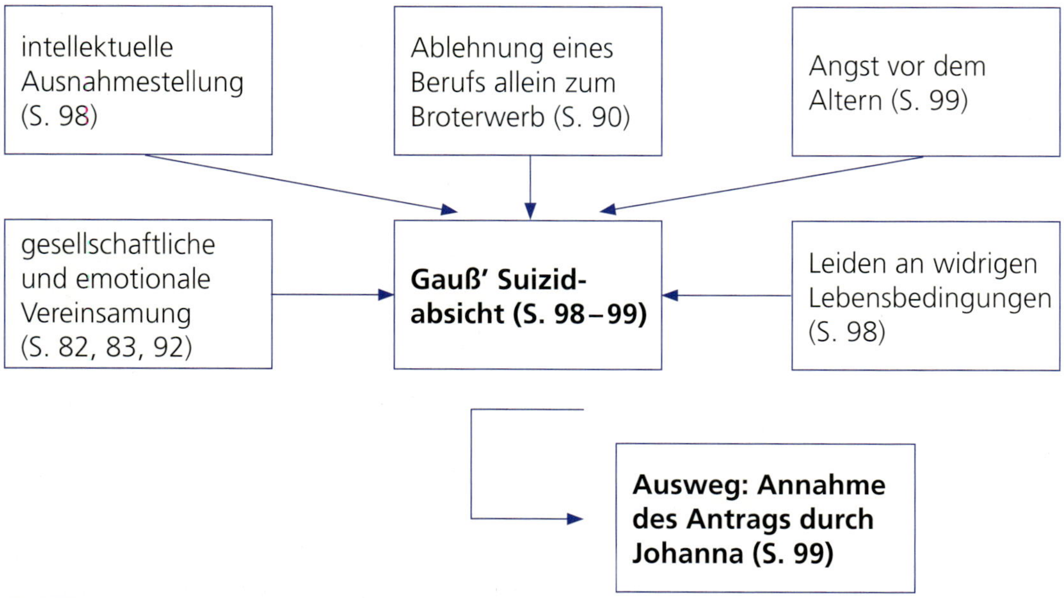

Als alternative Methode bietet sich hier eine kreative Schreibarbeit an:

- *Versetzen Sie sich in die Rolle Gauß' kurz vor Ausführung seines Selbstmordplanes. Er fürchtet, seine Mutter könnte eventuell nicht an einen Unfalltod glauben, und schreibt deshalb einen Abschiedsbrief an sie, in dem er seine Tat erklären will. Verfassen Sie einen entsprechenden Brief.*

2.3 Vergleichende Zusammenfassung

In einem die Teilthematik abschließenden Unterrichtsgespräch sollte nochmals auf die wichtigsten Gemeinsamkeiten und Unterschiede zwischen den beiden Forscherpersönlichkeiten Gauß und Humboldt eingegangen werden. Auffällig ist zunächst, dass sich beide Figuren in ihrem Wissenschaftsenthusiasmus gegen ihre Umwelt durchsetzen müssen. Allerdings sollte auch auf einen bezeichnenden Gegensatz hingewiesen werden: Humboldt kämpft noch um die Erreichung seines Lebensziels, also um den Ruhm eines großen Forschers, für den er andere Lebensbedürfnisse vernachlässigt beziehungsweise ignoriert. Gauß dagegen scheint der Erfolg geradezu mühelos zuzufliegen. Er leidet vor allem an einer Form erfolgsbedingter Vereinsamung.

Statt eines Unterrichtsgesprächs wären auch produktive Arbeitsaufträge möglich. So könnten die Schüler versuchen, die charakterlichen Besonderheiten der beiden Persönlichkeiten in Form moderner Kontaktanzeigen darzustellen und gegebenenfalls werbewirksam zu beschönigen.

- *Erstellen Sie eine möglichst aussagekräftige und interessante Kontaktanzeige für Gauß oder Humboldt.*

Ebenfalls möglich wäre die Gestaltung zweier Plakate, mittels derer die wesentlichen Charakterzüge der beiden Hauptfiguren einander gegenübergestellt werden.

- *Gestalten Sie zusammen mit Ihren Mitschülern ein Plakat, das eine prägnante Charakterisierung der Persönlichkeit von Gauß beziehungsweise von Humboldt aufweist.*

Die konkreten Schilderungen aus der Kindheit und Jugend der beiden Protagonisten provozieren die Schüler unter Umständen zur Frage der Historizität des Erzählten. In einem solchen Falle kann eine Vertiefung durch Kurzreferate eingebunden werden. Als mögliche Themen bieten sich an:

1. *Vergleichen Sie die im Kapitel „Meer" geschilderte Kindheit und Jugend Alexander von Humboldts mit den historischen Fakten. In welchem Maße gibt Kehlmann die Tatsachen korrekt wieder, an welchen Stellen trägt die Erzählung fiktiven Charakter?*
2. *Vergleichen Sie die im Kapitel „Der Lehrer" geschilderte Kindheit und Jugend Carl Friedrich Gauß' mit den historischen Fakten. In welchem Maße gibt Kehlmann die Tatsachen korrekt wieder, an welchen Stellen trägt die Erzählung fiktiven Charakter?*

Aufklärung und Empfindsamkeit in der Literatur

Der zentrale Begriff der europäischen Geistesgeschichte des 18. Jahrhunderts heißt **„Aufklärung"**. Damit verbindet sich die optimistische Vorstellung, der Mensch könne mithilfe seiner eigenen Vernunft Welt, Natur und Geschichte umfassend verstehen lernen und unter den Zeichen der Freiheit, der Humanität und des Fortschritts ein neues Zeitalter der Menschheit gestalten. Der bedeutendste Philosoph der Aufklärung, der Deutsche Immanuel Kant (1724–1804), definierte das Konzept der Aufklärung folgendermaßen: „Aufklärung ist der Ausgang des Menschen aus seiner selbstverschuldeten Unmündigkeit. Unmündigkeit ist das Unvermögen, sich seines Verstandes ohne Leistung eines anderen zu bedienen. Selbstverschuldet ist diese Unmündigkeit, wenn die Ursache derselben nicht am Mangel des Verstandes, sondern der Entschließung und des Mutes liegt, sich seiner ohne Leitung eines anderen zu bedienen. Sapere aude! Habe Mut, dich deines eigenen Verstandes zu bedienen! Ist also der Wahlspruch der Aufklärung."

Kant geht also von der Feststellung aus, dass die Vernunft, also das rationale Vermögen, dem Menschen von Geburt an zu Eigen ist. Und: Offenbar existieren gesellschaftliche Kräfte und Konventionen, die einem Großteil der Menschheit das Denken abnehmen und den Einzelmenschen in künstlicher Passivität halten. Die geforderte Besinnung jedes Individuums auf den Gebrauch des eigenen Verstandes führt dabei zu erheblichen Konsequenzen für viele Lebensbereiche:

- Im Bereich der **Wissenschaften** werden Vernunft und Logik in einem sich schrittweise vollziehenden Entwicklungs- und Bewusstmachungsprozess zum alleinigen Maßstab in den Naturwissenschaften. Nichtwissenschaftliche Erklärungsansätze, zum Beispiel religiöser oder naturmagischer Art, werden zurückgedrängt. Aufbauend auf die Erfindungen und Entdeckungen des 17. Jahrhunderts erweitert sich der wissenschaftliche Horizont zusehends: Chemiker identifizieren Elemente wie den Sauerstoff, neue Messgeräte ermöglichen die exaktere Erfassung der Natur, das wachsende Verständnis für die Gesetze der Elektrizität bedingt Erfindungen wie den Blitzableiter, in den Manufakturen halten verbesserte Maschinen Einzug, der erste Heißluftballon gestattet einen völlig neuen Blick auf die Welt, die zudem durch zahlreiche Expeditionen immer genauer erforscht wird, beispielsweise durch die Weltumrundung des James Cook.
- In der **Politik** entwickelt sich vor allem das aufstrebende Bürgertum zur „aufgeklärten" Gesellschaftsschicht. In der Forderung nach vernunftgemäßer Gestaltung der gesellschaftlichen Verhältnisse will das Bürgertum seine durch den Absolutismus vorgegebene politische Ohnmacht durchbrechen. Die Philosophie flankiert dies durch entsprechende Konzepte, z. B. durch John Lockes Theorie des Gesellschaftsvertrages, in dem sich die Verteilung von politischer Macht auf das freie Einverständnis aller stützt. Der Formierung einer durchsetzungsfähigen bürgerlichen Bewegung steht allerdings die territoriale und herrschaftliche Zersplitterung des Heiligen Römischen Reiches entgegen. Folgerichtig keimen Ideen zur Überwindung der beengenden Grenzen. Ganz im Sinne des eigenen bildungsbürgerlichen Selbstverständnisses strebt man deshalb die Schaffung einer identitätsstiftenden Nationalliteratur an. So entwirft beispielsweise Gotthold Ephraim Lessing in seiner „Hamburgischen Dramaturgie" eine Theatertheorie, die sich vom bislang propagierten französischen Vorbild emanzipiert.
- In der **Literatur** werden die didaktischen Formen, wie beispielsweise Fabeln, bevorzugt, da das oberste Ziel der Schriftstellerei nicht so sehr im ästhetischen Genuss, sondern in der Belehrung gesehen wird. Zu einer eigenständigen Kunstform entwickelt sich das Bürgerliche Trauerspiel, in dem das Bürgertum unter Missachtung der barocken Ständeklausel zu einem eigenständigen Akteur auf der Theaterbühne wird und bürgerliche Tugendhaftigkeit sich gegen die Zumutungen adliger Gegenspieler behauptet.

Die starke Betonung der rationalen Seite des Menschen in der Aufklärung provoziert selbstverständlich auch kompensatorische Gegenbewegungen, wie sie beispielsweise in der Strömung der **„Empfindsamkeit"** ihren Ausdruck finden. Diese setzt dem Verstand das Herz entgegen, als Ort der Seele, der Gefühle und der Stimmungen. Inspiriert wird dieser Gefühlskult vor allem durch den protestantischen Pietismus, der auf die Innerlichkeit des religiösen Erlebens abzielte. In diesem Sinne widmen sich die Repräsentanten der Empfindsamkeit der Herzensbildung des Menschen, die sich zwischen der Erfahrung melancholischen Weltschmerzes und dem begeisterten Erleben unmittelbarer Naturerfahrungen konstituiert. Im Zeichen des Ideals von Harmonie und Treue bildeten sich Freundschaftsbünde, deren Mitglieder sich auf der emotionalen Ebene begegneten, indem man sich über Gefühlswelten austauschte, gefühlvolle Gedichte verfasste und sich gegenseitig Briefe schrieb, in denen man den eigenen Empfindungen Ausdruck gab.

Autorentext

■ *Erarbeiten Sie aus dem Text die wesentlichen Kennzeichen von Aufklärung und Empfindsamkeit.* BS 2

Baustein 3

Der Wandel in der Wissenschaft

Dieser Baustein nimmt den Umbruch in den Blick, der in den modernen Naturwissenschaften unter anderem maßgeblich durch die Forschungsleistungen Humboldts und Gauß' mitgestaltet wurde. Dabei ist nicht nur der im Roman dargestellte Wissens- und methodische Fortschritt und die damit einhergehende wissenschaftliche Horizonterweiterung zu berücksichtigen. Ebenfalls eine wichtige Rolle kommt der Neudefinition des Forscherberufs zu, die das in unserer Gesellschaft verbreitete Bild vom „typischen Wissenschaftler" bis heute prägt und in den beiden Hauptfiguren prototypisch angelegt ist. Im Folgenden werden zunächst beide Wissenschaftler und ihr jeweiliges szientifisches Konzept jeweils für sich analysiert und anschließend miteinander verglichen.

3.1 Der thematische Einstieg

Als Einstieg eignet sich eine motivierende Bildanalyse des Bildes von Joseph Wright: Ein Alchimist auf der Suche nach dem Stein der Weisen (1771). Das Gemälde (siehe die beigefügte Schwarz-Weiß-Reproduktion, **Arbeitsblatt 7**, S. 58) wird den Schülern auf Folie präsentiert. Als Hintergrundinformationen bekommen sie den Namen des Bildes und das Jahr der Erstellung genannt.

Nach einer stillen Betrachtungsphase kann folgender Arbeitsauftrag die Grundlage für das Unterrichtsgespräch bilden:

- *Beschreiben Sie den Bildinhalt und erläutern Sie, welche Vorstellungen von Wissenschaft das Bild transportiert.*

In dieser Darstellung aus der zweiten Hälfte des 18. Jahrhunderts betreibt der im Bildmittelpunkt positionierte Forscher alchemistische Versuche, um, wie der Titel des Bilds verrät, den sagenhaften „Stein der Weisen" zu finden. Die Alchemie stellt zwar eine Vorläuferin der heutigen Chemie dar, weist in der wissenschaftlichen Grundkonzeption jedoch noch eine deutliche Affinität zur Magie auf. Auch der Wissenschaftler, dargestellt als bärtiger alter Mann, ähnelt in gewisser Weise einem Zauberer, der sein geheimnisvolles Geschäft in dunkler Nacht und unter dem Staunen der Anwesenden verrichtet. Die düstere, obskur und geheimnisvoll wirkende Umgebung in Form eines gotischen Gewölbes erinnert noch stark an die Präsenz des mittelalterlichen Weltbilds, innerhalb dessen die Naturwissenschaft nicht als Fakultät mit eigener Daseinsberechtigung wahrgenommen wurde, sondern der als Königswissenschaft fungierenden Theologie zugeordnet war.

3.2 Humboldt als Forschungsreisender

3.2.1 Die Abgrenzung vom traditionellen Entdeckertypus

Um den neuen Typus des Entdeckungsreisenden zu profilieren, der mit Humboldt auf den Plan tritt und der sich durch die strikte Orientierung an wissenschaftlichen Zielsetzungen auszeichnet, werden im Roman zunächst traditionelle Vertreter des forschenden Abenteurers angeführt, die jedoch letztlich keine Forschungsreise zustande bringen: Lord Bristol stellt sich als politischer Spion heraus, der überalterte Bougainville ist körperlich und geistig nicht mehr in der Lage zu einer Expedition, und Baudin, mit dem Humboldt als möglicher Reisebegleiter in Kontakt steht, erweist sich als Finanzbetrüger (vgl. S. 39).

Es empfiehlt sich für die Unterrichtsgestaltung, einführend die angesprochene Textstelle auf S. 39 zu behandeln und mit den Schülern über mögliche Motive für Entdeckungsfahrten jenseits des rein wissenschaftlichen Aspekts zu diskutieren. Dabei werden von den Schülern wohl vor allem Gewinn- und Ruhmstreben sowie die Abenteuerlust genannt werden. Bei diesem Thema bestehen im Übrigen auch Anknüpfungspunkte für Kurzreferate über die Leistungen besonderer Forscherpersönlichkeiten (siehe hierzu den Vorschlag in der Referatsliste am Ende des Bausteins).

Mit Aimé Bonpland wird eine direkte Gegenfigur zu Humboldt eingeführt, die im Weiteren primär dazu dient, die Auffälligkeiten und Besonderheiten der Forscherpersönlichkeit Humboldts stärker zu kontrastieren. Dabei personifiziert Bonpland in gewisser Weise den Übergang vom traditionellen Entdeckertum zur modernen Forschungsreise: Ursprünglich an einer Reise mit Nicolas Baudin interessiert, schließt er sich letztlich dem Vorhaben Humboldts an. Daraus entwickelt sich im Laufe des Romans eine regelrechte Schicksalsgemeinschaft zwischen beiden Personen.

Die zweite Hälfte des Kapitels „Das Meer" (S. 39–51) eignet sich dabei gut, um die Gemeinsamkeiten und Unterschiede beider Personen zu Beginn der Expedition herauszuarbeiten. Das erste Aufeinandertreffen findet nicht als Treffen in Expeditionskreisen statt, sondern zufällig und in einer komischen Situation. Mit dem anfangs zögerlichen Bonpland findet Humboldt schnell Gemeinsamkeiten, da Bonpland sich ebenfalls für Botanik und Tropenpflanzen interessiert und zudem einen Aufbruch aus engen persönlichen Verhältnissen sucht (vgl. S. 40). Im Urteil des Deutschen hätten sie „Ähnliches hinter und dasselbe vor sich" (S. 40). Der anfänglich zögerliche Bonpland zeigt sich dabei durchaus empfänglich für die Begeisterung des anderen (vgl. S. 41).

Auf der Reise werden aber auch schnell die unterschiedlichen Lebensauffassungen deutlich: Bonpland ist über den emotionslosen Abschied Humboldts von seiner Familie verwundert (vgl. S. 41). Außerdem kann er die dominante Rolle des Forschens im Denken und im Tagesablauf Humboldts nicht nachvollziehen (vgl. S. 42), ebenso wenig die asketische Haltung in Bezug auf körperliche Bedürfnisse wie Schlafen (vgl. S. 43) und Sexualität (vgl. S. 48). Hierzu zählt auch das völlige Ignorieren der Fiebererkrankung vonseiten Humboldts (vgl. S. 49f.). Hinzu kommt, dass wissenschaftliche Leistungen Humboldt mit Glück erfüllen, während Bonpland dieses Gefühl angesichts der zahlreichen erlittenen Entbehrungen nicht in gleicher Weise zu teilen vermag (vgl. S. 47).
Ein entsprechender Arbeitsauftrag könnte folgendermaßen gestaltet sein:

- *Erarbeiten Sie aus dem Text (S. 39–51) Gemeinsamkeiten und Unterschiede zwischen den Figuren Humboldt und Bonpland.*

Brüder im Geiste? – Humboldt und Bonpland im Vergleich

Gemeinsam (Humboldt und Bonpland):

- Ausbruch aus heimatlicher Enge
- Interesse an Botanik und an der Tropenfauna (jeweils S. 40)

Humboldt	Bonpland
• kein herzlicher Abschied von Familie (S. 41)	• Verblüffung über emotionslosen Humboldt (S. 41)
• wissenschaftlicher Perfektionismus (S. 42)	• kein Verständnis für Humboldts Perfektionismus (S. 42)
• Askese bei körperlichen Bedürfnissen (S. 43)	• Bekenntnis zu körperlichen Bedürfnissen (S. 46, 48)
• Ignorieren von Krankheit (S. 44f., 49f.)	• Erleiden von Krankheiten (S. 49f.)
• Glücksempfinden bei Forschung auch unter Extrembedingungen (S. 47)	• Entbehrungen behindern Freude über Forscherleistungen (S. 47)
Unterordnung des Lebens unter die Forschung	Wissenschaft nicht lebensbestimmend

3.2.2 Neue Sichtweisen

Das Kapitel „Höhle" beleuchtet mittels verschiedener Beispiele die neue Art des Sehens, die Humboldt von seiner Umwelt abhebt. So betrachtet er alles, einschließlich des gekosteten Vogelkots, als Untersuchungsobjekt, wie die Auflistung der Objekte seines Forschungsfanatismus illustriert (vgl. S. 69). Auch ein Erdbeben sieht er nicht als unheimliche Bedrohung, sondern als voraussagbares Ereignis (vgl. S. 69), ebenso wie er die Läuse auf den Köpfen der Ureinwohner nicht einfach als Ungeziefer wahrnimmt, sondern als erklärungsbedürftiges Phänomen (S. 70).

Überdies gibt er sich mit abergläubischen Erklärungsmustern nicht zufrieden. Die Einheimischen assoziieren die mit einer gespenstischen Vogelpopulation bevölkerte „Höhle der Nachtvögel" mit dem Reich der Toten (vgl. S. 72). Humboldt dagegen erkennt die Laute der Vögel als Schall, der der Orientierung im Dunklen dient (vgl. S. 75). Zugleich deuten seine Messungen eine Widerlegung der neptunistischen Theorie an (vgl. S. 73f.; die endgültige Beweisführung wird auf S. 208f. erzählt). Die als Forschungsobjekte erbeuteten Vögel stellen für die Einheimischen wiederum ein reines Nutzobjekt dar (vgl. S. 74). Dafür kann die Frau, die Humboldt im Auftrag des Gouverneurs heimsucht, mit seinen Geräten nichts anfangen. Beispielsweise missbraucht sie den Spiritus als Rauschmittel (vgl. S. *75*). Das einmalige Naturschauspiel einer Sonnenfinsternis veranlasst Humboldt nicht zum Genuss des einmaligen Erlebnisses, sondern zu Messungen, wodurch ihm die phänomenologische Seite des Ereignisses entgeht, während er den ihn faszinierenden wissenschaftlichen Kern ergründet (vgl. S. 80).

- *Zeigen Sie anhand des Kapitels „Die Höhle", worin sich die Wahrnehmung der Umwelt durch Humboldt und durch seine Umgebung unterscheiden.*

Wie schmeckt Vogelkot? – Humboldts neuer Blick auf die Welt

Humboldts Wahrnehmung	Objekt	Wahrnehmung durch Umwelt
Vorhersagbares Ereignis	*Erdbeben (S. 69)*	Naturkatastrophe
Analysierbares Phänomen	*Läuse (S. 70)*	Ungeziefer
Wissenschaftlich erforschbarer Ort	*Höhle (S. 72–75)*	Reich der Toten
Studienobjekt	*Vögel (S. 74)*	Fettquelle
Mittel zur Forschung	*Geräte, Spiritus (S. 75)*	Rätselhafte Gegenstände
Astronomisches Problem	*Sonnenfinsternis (S. 79–80)*	Naturschauspiel

↓ Wissenschaftliche, aufgeklärte Weltsicht

↓ nichtwissenschaftliche Weltsicht, bestimmt durch unmittelbares Nutzdenken sowie Vorgaben vonseiten der Religion und Tradition

3.2.3 Reaktionen der Umwelt auf Humboldt

Die unterschiedlichen Reaktionen der Umwelt auf den durch Humboldt vertretenen Forschertypus sowie auf dessen Ansichten können exemplarisch aus den Kapiteln „Das Meer" und „Die Höhle" erarbeitet werden. Selbstverständlich finden sich auch in den anderen Kapiteln zur Südamerikareise Humboldts entsprechend aussagekräftige Passagen, in denen allerdings meist Reaktionen geschildert werden, die denen aus den vorangegangenen Kapiteln ähneln oder gleichen.
Grundsätzlich zeigen die einzelnen sozialen Schichten jeweils spezifische Reaktionen: Der politisch offenbar wenig interessierte Vizekönig erweist sich als uninformiert und hält Humboldt für einen Arzt, von dem er sich Heilung seiner Potenzprobleme verspricht (vgl. S. 43 f.). Die einfache Bevölkerung sieht in Humboldt nichts anderes als einen „heidnischen Anbeter" (S. 41), der mithilfe von Steinen vertrieben werden müsse, und auch die einfachen Mönche, die Humboldt in die Höhle begleiten, fliehen aus Aberglauben (vgl. S. 73). Die höhere Geistlichkeit in Gestalt eines Abtes wiederum vermutet hinter der Forschungsreise das Motiv der politischen Spionage (vgl. S. 71), während der Schiffskapitän, der sozusagen den praktischen Anwender von Forschungsergebnissen repräsentiert, an seiner erlernten Navigationstradition festhält (vgl. S. 45) und von der Überlegenheit seiner praktischen Erfahrung gegenüber dem theoretischen Ansatz Humboldts ausgeht (vgl. S. 50).
Erweiternd kann man auch den ersten Teil des Kapitels „Der Fluss" ansprechen: Die vier Gehilfen, die Humboldt und Bonpland in San Fernando anwerben, repräsentieren wiederum

ein komisches Moment, wenn sie die Existenz des von Humboldt gesuchten Kanals in den Bereich des falschen Gerüchts verweisen (vgl. S. 105) und damit die Theorien Humboldts als das eigentliche Vorurteil hinstellen.

- *Untersuchen Sie anhand der Kapitel „Das Meer“ und „Die Höhle“, welche unterschiedlichen Reaktionen dem Wissenschaftler Humboldt entgegengebracht werden, und stellen Sie konkrete Zusammenhänge zwischen den Reaktionen und dem sozialen Status der Akteure her.*

Steine auf Humboldt – Reaktionen der Umwelt auf den Forscher

Soziale Schicht	**Gezeigte Reaktion auf Humboldts Forschungen**
Einfache Bauern	Vorwurf des Heidentums, Gewalt (S. 41)
Vizekönig	Kein Interesse an Forschung, hofft auf einen Arzt (S. 43–44)
Kapitän	Überlegenheit seiner praktischen Erfahrung (S. 45, 50)
Abt	Verdacht der Spionage (S. 71)
Mönche	Flucht aus Angst wegen Aberglauben (S. 73)

↓

Bei sämtlichen Gesellschaftsschichten keine angemessene Auseinandersetzung mit Humboldts wissenschaftlicher Leistung

Eine gewisse Zuspitzung erfährt die Thematik der Umweltreaktionen im Aufeinandertreffen zwischen Humboldt und dem Jesuitenpater Zea (vgl. S. 113–118). Letzterer entspricht durchaus dem gängigen literarischen Topos des zynischen, vorrangig der Machträson gehorchenden Jesuiten, da er in der Konfrontation mit Humboldt die Rolle des Zweiflers und des ironischen Relativierers einnimmt.
Bereits das ungesunde Aussehen („fiebergelbes Gesicht“, S. 112) des Paters deutet in gewisser Weise auf seine zersetzende Grundhaltung hin. Der gut gedeckte Essenstisch (vgl. S. 114) unterstreicht seine beinahe monarchengleiche Machtposition in der Mission. Die Fußfesseln an den Einheimischen rechtfertigt er mit einer sophistischen Argumentation (vgl. S. 113f.), und auch in anderer Hinsicht signalisiert er Humboldt, dass ein Europäer in Südamerika seine Welt- und Wertvorstellungen anpassen müsse: Es liege am Land und seinen Gegebenheiten, wenn man den Aberglauben nicht unterdrücken könne (vgl. S. 114). Außerdem entziehe sich die Wildheit des Urwalds grundsätzlich einer abstrakten beziehungsweise exakten Erfassung mittels Vermessung (vgl. S. 115). Die These Humboldts von der „Ganzheit der Natur“ und damit die Auffassung von einer der Wissenschaft an allen Orten in gleichem Maße zugänglichen Welt weist er zurück (vgl. S. 117f.). Humboldt müsse sich vielmehr beim weiteren Verlauf seiner Reise auf die „Hölle“ einstellen (vgl. S. 114) und sogar die Gefahr des Wahnsinnigwerdens in Kauf nehmen.
Auch mit der Erzählung über die Expedition des Franzosen La Condamine (vgl. S. 115–118) versucht er eine Einschüchterung Humboldts und damit gewissermaßen eine Verführung zur Aufgabe des Vorhabens. Zwar habe La Condamine, ursprünglich ein Vertreter überholter Ansichten die Erdkrümmung betreffend, erfolgreich nach dem Kanal zwischen Orinoko und Amazonas gesucht. Dennoch habe auch er sich von den irremachenden Einflüssen des Urwaldes nicht schützen können, was ihn schließlich zum Widerruf seiner Entdeckung veran-

lasst habe. Die Geschichte fingiert dabei als erzählerisches Element, nämlich als Vorschau auf die weiteren Ereignisse, die Entdeckung des Kanals durch Humboldt sowie seine von Wahnvorstellungen begleitete Grenzerfahrung auf dem Berg Chimborazo. Allerdings kann der Pater Humboldt nicht beeindrucken: Dieser zeigt an keiner Stelle des Gesprächs irgendwelche Zweifel an seinen Überzeugungen sowie an der wissenschaftlichen Stichhaltigkeit seiner Forschungsergebnisse.

- *Erarbeiten Sie die Argumente, mit denen Pater Zea Humboldt verunsichern will, sowie Humboldts Reaktionen darauf (S. 113–118).*

Begegnung mit dem Zweifel:
Die Funktion des Jesuitenpaters Zea (S. 113–118)

Pater Zea ...

- ... verkörpert den machtbewussten, arroganten Kolonialeuropäer in Südamerika
- ... relativiert die Werthaltungen Humboldts
- ... bezweifelt grundsätzlich die wissenschaftlichen Ansätze Humboldts
- ... will Humboldt in seinem Vertrauen auf seinen Erfolg verunsichern
- ... gibt in der Erzählung von der Expedition La Condamines einen narrativen Ausblick auf die weitere Entwicklung der Forschungsreise

↕

Aber: Humboldt lässt sich durch die Konfrontation mit Pater Zea nicht verunsichern.

3.2.4 Forschen unter extremen Bedingungen

Eine der Besonderheiten des von Humboldt betriebenen Forschens besteht in der Tatsache, dass es zum Teil in Extremsituationen durchgeführt wird. Ein Beispiel bietet die im Kapitel „Der Berg" geschilderte Besteigung des Chimborazo, der zur damaligen Zeit als höchster Berg der Erde galt. Die Ersteigung des Bergs wird mit erheblichen physischen und psychischen Strapazen erkauft. Je weiter der Aufstieg voranschreitet, desto stärker wirken sich der zunehmende Sauerstoffmangel und die gefährlichen Umweltgegebenheiten auf Humboldt und Bonpland aus. Die Entwicklung des körperlichen und psychischen Zustands der beiden Personen während des Aufstiegs wird von Kehlmann präzise protokolliert und eignet sich deshalb besonders gut für eine detaillierte Textanalyse.

Der Arbeitsauftrag könnte lauten:

- *Zeigen Sie anhand der geschilderten Besteigung des Chimborazo, welche extremen Belastungen Humboldt und Bonpland für ihre Forschungen in Kauf nehmen und welche unterschiedlichen psychischen und physischen Zustände man unterscheiden kann (Seiten 168–180). Versuchen Sie, diese Einzelbeobachtungen jeweils einer der drei Gruppen „Orientierungsvermögen", „Wahnvorstellungen" und „physische Strapaze" zuzuteilen und in einer Tafelskizze darzustellen.*

Übersicht über die relevanten Textstellen:

Verfassen von Abschiedsbriefen (S. 168)	Abschied von Verwandten
Erinnerungen an früher (S. 168)	Rückschau auf Leben
Reflexion über vergangene Schuld (S. 168)	Rechtfertigung, Beichte
Ausrutschen (S. 169)	beginnende Orientierungslosigkeit
Schnee, Nebel (S. 169f.)	widrige Witterungsverhältnisse
Bonplands Wahnvorstellungen (S. 169)	Verlust des Realitätssinns
Nebel verhindert Unterscheidung oben/unten (S. 171)	Verlust des Orientierungssinns
Humboldts angefangene Dialoge (S. 171)	Kommunikationsstörungen
Humboldts Wahnvorstellungen (S. 172)	Hund = Schuld
Körperliche Probleme (S. 172)	hohe physische Belastung
Frage nach Rettung aus Fluss (S. 172f.)	Verlust der Erinnerung
Sauerstoffmangel (S. 173)	Beeinträchtigung des Denkens
Humboldt hört Stimmen (S. 173)	Beginnende Auflösung des Ichs
Humboldt gealtert (S. 174)	Folgen der Reisestrapazen
Schizophrene Erscheinungen (S. 175)	Ich-Dissoziation
Oben/unten nicht mehr erkennbar (S. 175)	Völliger Orientierungsverlust
Fehler in der Logik (S. 175)	Reduziertes Denkvermögen
Dennoch: Erfolgreiches Durchführen einer Messung (S. 167f.)	Triumph der Wissenschaft
Diskussion über Definition „Gipfel" (S. 178–179)	Auflösung des Wahrheitsbegriffs
Körper gehorchen nicht mehr (S. 178)	Versagen der physischen Kräfte
Todeserwartung (S. 179)	Erreichen der Grenze zwischen Leben und Tod
Mordgelüste (S. 179)	Beginn der charakterlichen Deformation

Ziel am Gipfel: Beförderung der Wissenschaft, aber auch Selbsterkenntnis (S. 179)

Für die Zusammenstellung der in Gruppen erarbeiteten Ergebnisse bietet sich eine Folie an, die die Schüler zugleich als Arbeitsblatt (siehe **Arbeitsblatt 8**, S. 59) erhalten:

Der Aufstieg zum Gipfel: Forschung und Wahnsinn

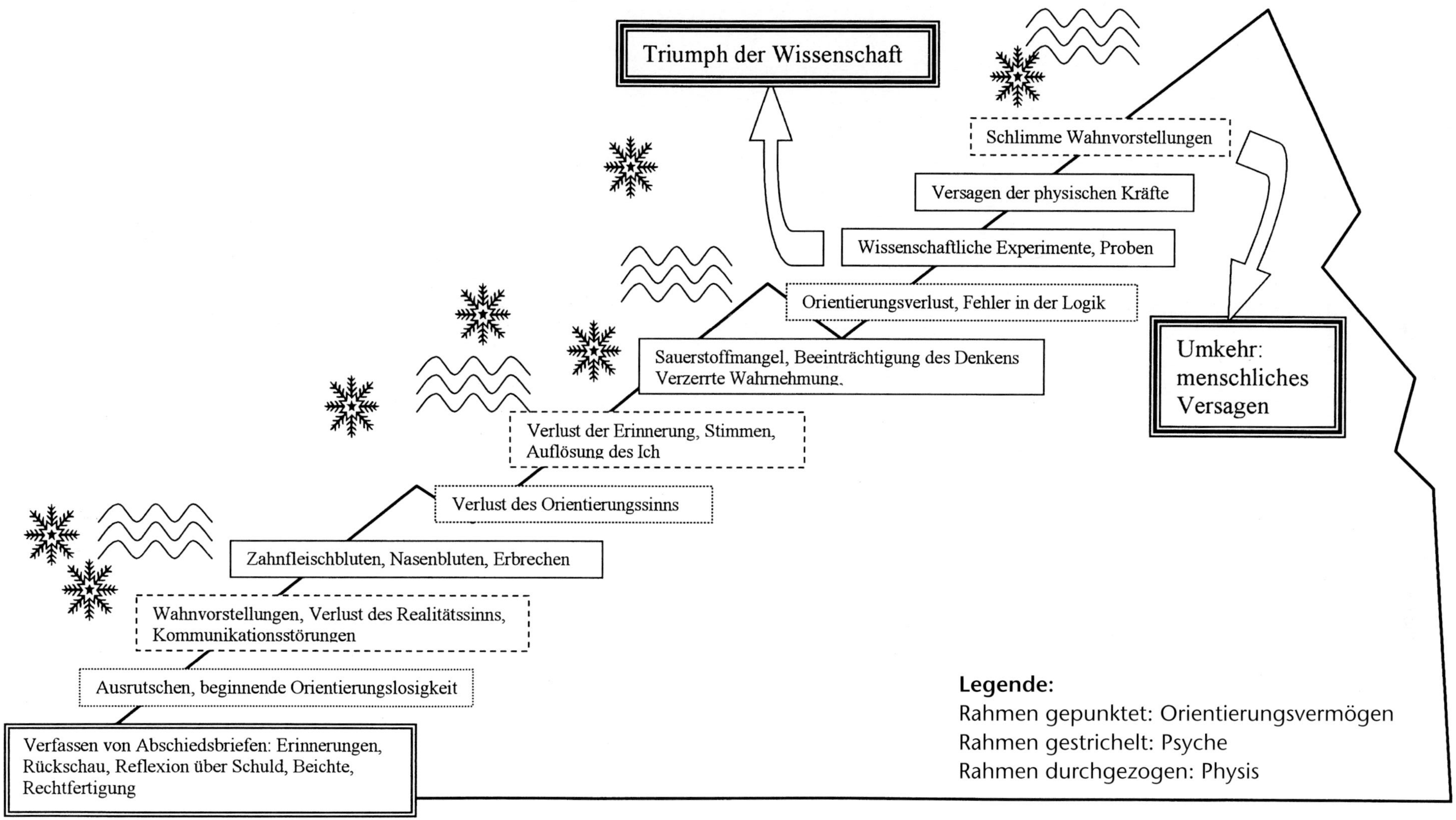

3.2.5 Forschung und Öffentlichkeit

Mit der Ankunft in Veracruz zeigt sich, dass Humboldt sich offenbar seinen Kindheitstraum erfüllt hat und inzwischen zu internationaler Berühmtheit gelangt ist. Zunächst erwartet ihn der spanische Journalist Gomez (vgl. S. 195 f.). Humboldt nutzt die Chance und diktiert ihm sogar sein eigenes Selbstbild in den Schreibblock (vgl. S. 196). Mit dem für den „Philadelphia Chronicle" arbeitenden Wilson wiederum zeigen auch die jungen Vereinigten Staaten von Amerika Interesse an Humboldt (vgl. S. 199), und mit Duprés stößt noch ein Vertreter der französischen Öffentlichkeit hinzu (vgl. S. 206). Damit sind Medienvertreter aller damals wichtigen Weltsprachen vor Ort, um über Humboldts Reise zu berichten.
Nachforschungen Gomez' bei Bonpland (vgl. S. 197 f.) zeigen, dass Humboldts Persönlichkeit selbst den ihm besonders nahestehenden Personen rätselhaft und undurchschaubar bleibt. Deshalb ergibt sich ein großer inhaltlicher Freiraum, um ein mediengerechtes Humboldt-Bild zu kreieren. Mit der Arbeit der Journalisten beginnt jedenfalls die Stilisierung Humboldts zum „großen Forscher". Zu diesem Klischee gehört beispielsweise das ostentative Streben nach Einsamkeit, um sich auf die Arbeit konzentrieren zu können (vgl. S. 201). Auf diese Weise nimmt auch das öffentliche Interesse zu: Humboldt wird zur Heldenfigur in Bildergeschichten (vgl. S. 205), und seine Forschungsvorhaben geraten zu öffentlichen Inszenierungen (vgl. S. 206 f.). Allerdings wartet die breite Öffentlichkeit in der Regel weniger auf neue wissenschaftliche Erkenntnisse, sondern erhofft sich spannende Unterhaltung durch die Schilderung von Abenteuern, wie beispielsweise der Verlauf des Empfangs Humboldts beim amerikanischen Präsidenten Jefferson zeigt (vgl. S. 212).
In diesem Zusammenhang mit der journalistischen Berichterstattung übt Kehlmann übrigens durchaus auch eine versteckte Medienkritik, die einen deutlichen Bezug auf unsere Gegenwart aufweist: So scheint mit Wilson der Typ des oberflächlich arbeitenden, auf Schlagzeilen bedachten Reporters auf den Plan zu treten. Schon rein äußerlich unterscheidet ihn ein kompliziert gezwirbelter Bart (vgl. S. 199) vom einfachen Bartträger Gomez (vgl. S. 196). Vor allem aber schätzt Humboldt dessen publizistische Berichterstattung als wesentlich unzuverlässiger ein als die von Duprés (vgl. S. 212) und Gomez (vgl. S. 219).
Mithilfe der folgenden Aufgabenstellung sollen sich die Schüler darüber klar werden, dass Humboldt seit seiner Ankunft in Veracruz endgültig ein Mann der Öffentlichkeit geworden ist. Nun ist er nicht mehr darauf angewiesen, seine Leistungen gewissermaßen auf dem Briefwege in Europa bekannt zu machen. Vielmehr stehen ihm viel effektivere Kommunikationskanäle zur Verfügung. Dabei muss er freilich in Kauf nehmen, dass er die Medien, die jeweils ein eigenes Humboldt-Bild bedienen, nicht kontrollieren kann.

- *Benennen Sie die im Kapitel „Die Hauptstadt" genannten Kommunikationsfaktoren, die ein Bild von Humboldt konstruieren. Gehen Sie dabei auch auf den spezifischen Gehalt des jeweiligen Bildes ein.*

**Viel Rummel um Humboldt:
Facetten der öffentlichen Wahrnehmung**

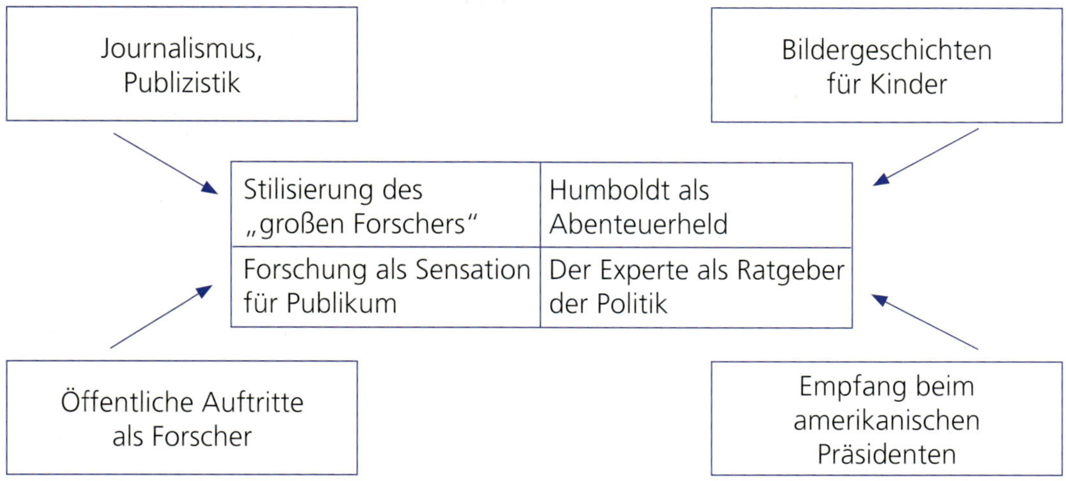

Wenn genug Zeit zur Verfügung steht, kann man die Klasse in Form eines Unterrichtsgesprächs diskutieren lassen, ob die Erwartungen Humboldts hinsichtlich seines Ruhmes als Forscher tatsächlich eintreten oder ob er über die Entwicklung eher enttäuscht sein dürfte. Zusätzlich können die bisherigen Ergebnisse in Form eines kreativen Transfers weiterverarbeitet werden, indem die Schüler die Leistungen Humboldts im Format moderner Massenkommunikationsmittel (beispielsweise Bericht in der „Tagesschau", Berichterstattung durch ein Wissensmagazin im Fernsehen, Artikel in der „Bild" oder in der „Süddeutschen Zeitung", etc.) gestalten.

- *Stellen Sie sich vor, Sie wären ein Zeitungs- oder Fernsehreporter, der mithilfe moderner Massenkommunikationsmittel über die Ankunft Humboldts in Veracruz und über dessen Forschungen berichtet. Entscheiden Sie sich für ein bestimmtes Nachrichtenformat oder für eine bestimmte Zeitung und gestalten Sie einen Bericht im Stile des Mediums, das Sie vertreten.*

3.3 Gauß zwischen Genialität und Brotberuf

Einige der enormen Leistungen Gauß' auf den Feldern der Mathematik und der Astronomie werden im Roman ausdrücklich erwähnt. Um den Schülern die Bedeutung Gauß' noch deutlicher zu machen, könnte ein Kurzreferat gehalten werden, in dem alle wesentlichen Forschungsleistungen kurz vorgestellt werden.
Der eigentliche Akzent liegt im Roman aber auf der Forscherpersönlichkeit und auf ihrem Verhältnis zu ihrem Umfeld. Gauß bestätigt das Bild vom weltfernen, auf Perfektion bedachten Geistesgenie, der gleichzeitig schwere soziale Defizite an den Tag legt. Er beschäftigt sich selbst in intimsten Momenten mit wissenschaftlichen Fragestellungen (vgl. S. 150). Außerhalb seiner Forscherwelt nimmt er nicht am Familienleben teil, so verpasst er beispielsweise die Geburt seines Kindes (vgl. S. 154) und baut keine emotionale Bindung zu diesem auf (vgl. S. 155). Außerdem bekommt er von den sich teils dramatisch entwickelnden politischen Ereignissen nichts mit: Sogar vom Kriegszustand in seiner Heimat erfährt er eher

zufällig (vgl. S. 151). Überdies zeigt er keinerlei Offenheit für Künstlerisches und Kulturelles (vgl. S. 157f.) beziehungsweise für ästhetische Naturerfahrungen (vgl. S. 157).
Gleichzeitig bewegt er sich als Forscher im engen Korsett des zeitgenössischen Bedingungsrahmens, innerhalb dessen sich seine mathematischen und astronomischen Forschungen vollziehen müssen. Dieser Rahmen erinnert bereits sehr an die Verhältnisse im modernen, von Ökonomisierung und Rationalisierung geprägten Wissenschaftsbetrieb.
Als besonders aussagekräftig erweist sich hierbei das Gespräch mit dem Herzog (vgl. S. 143–147). Zwar vollbringt Gauß seine größten Leistungen auf dem Gebiet der Mathematik. Diese stellt aber eine unspektakuläre und damit für die breite Öffentlichkeit sowie für den herzoglichen Geldgeber eher uninteressante „Grundlagenforschung" dar (vgl. S. 143). Durch Heirat und Familiengründung ist Gauß allerdings zum Ergreifen eines Brotberufs gezwungen (vgl. S. 144). Wesentlich lukrativer als die theoretische Mathematik stellt sich die damals als Modewissenschaft geltende Astronomie dar (vgl. S. 143). Auch der Landesfürst, der Forschungsaufträge finanziert und Ämter und Würden, also auch die Professuren, vergibt, will die Sternenbeobachtung mit der Einrichtung einer Sternwarte befördern (vgl. S. 144f.). Das Feilschen mit Gauß um dessen Ausstattung mit wissenschaftlichen Ämtern (ebenda) ähnelt dabei wohl nicht ohne Absicht dem heute üblichen Berufungsverfahren an Hochschulen.

- *Charakterisieren Sie anhand des Kapitels „Die Sterne" die Forscherpersönlichkeit Gauß und zeigen Sie, welche Ansprüche die damalige Gesellschaft, verkörpert durch den Herzog, an die Wissenschaft stellt.*

Wozu nützt ein Mathematiker? Wissenschaft und Gesellschaft im Interessenkonflikt

Gauß:
genialer, aber weltfremder Forscher

- fixiert auf Wissenschaft (S. 150)
- keine Teilnahme an Familienleben (S. 145f.)
- kein Interesse an Politik (S. 151)
- kein Sinn für Ästhetik (S. 157f.)

↕

benötigt aber Beruf zum Broterwerb

↓

angewiesen auf finanzielle Förderung

↓

Erzwungenes Eingehen auf außerwissenschaftliche Ansprüche, repräsentiert durch den Herzog (S. 143–147):

- keine Grundlagenforschung, sondern Befriedigen populärer Interessen
- Orientierung am nichtwissenschaftlichen Nutzen, also Rentabilität und Prestigegewinn für den Landesherrscher

3.4 Humboldt und Gauß: Zwei Wissenschaftler im Vergleich

In der „Vermessung der Welt" kontrastiert Kehlmann unterschiedliche Wissenschaftskonzepte. Die Gemeinsamkeiten und Unterschiede in der Wissenschaftsauffassung der beiden Protagonisten werden im direkten persönlichen Aufeinandertreffen im Rahmen des Berliner Kongresses 1828 deutlich. Zwei Passagen sind hierbei relevant: Das gemeinsame Essen im Hause Humboldts (Kapitel „Der Sohn"), das in prägnanter Weise Humboldt und Gauß kontrastiert, sowie das kurze, aber ebenso aufschlussreiche Wissenschaftsgespräch (Kapitel „Äther", vgl. S. 246–248). Es empfiehlt sich, zunächst den ersten Textabschnitt gemeinsam mit den Schülern zu analysieren und, unter anderem zum Zwecke der Wiederholung, eine knappe, vergleichende Charakterisierung der beiden Protagonisten zu erstellen. Die Ergebnisse werden dann durch die Erschließung des eigentlichen Wissenschaftsgesprächs erweitert und ergänzt. Alternativ lassen sich aber auch beide Passagen in einem Stück analysieren.

Im Kapitel „Der Sohn" werden die Parallelen und Gegensätze zwischen Gauß und Humboldt pointiert dargestellt. Humboldt tritt als ständig aktiver und in politischen und akademischen Kreisen effektiv vernetzter Forscher auf (vgl. S. 215), der durchaus auf sein positives Bild in der Nachwelt bedacht ist (vgl. S. 218). Aus Finanzierungsgründen ist er dabei auf ständige Nähe zu den Mächtigen angewiesen (vgl. S. 216). Gauß dagegen erscheint als ein seiner Ausnahmestellung bewusster Eigenbrötler (vgl. S. 215), der im Gegensatz zur der im politischen Deutschland vorherrschenden Abneigung das Genie Napoleon bewundert (vgl. S. 217) und die deutsche Nationalbewegung verachtet (vgl. S. 221). Als Gemeinsamkeit zwischen beiden Personen ist zu nennen die jeweilige Ignoranz gegenüber dem Gebiet der Kultur, da diese den Blick auf eine vorurteilsfreie Analyse der Tatsachen verstelle (vgl. ebenda).

Im wissenschaftlichen Bereich zeigt sich die große Wertschätzung beider für exakte Methoden beispielhaft beim strikten Pochen auf Messgenauigkeit (vgl. S. 223). Dabei hält Humboldt an den Voraussetzungen der durch Immanuel Kant geprägten Erkenntnistheorie fest. Diese spricht dem menschlichen Verstand eine entscheidende Rolle bei der Erfassung der Wirklichkeit durch den Menschen zu, da er zum Beispiel grundlegende Kategorien wie Raum und Zeit zum Erkenntnisprozess beisteuere. Gauß dagegen präsentiert sich als Überwinder kantischen Denkens, da er bereits mit der Möglichkeit der Existenz nichteuklidischer Räume rechnet (vgl. S. 220), die mit dem herkömmlichen Raum- und Zeitbegriff nicht vereinbar sind. Außerdem betrachtet der Mathematiker Gauß die am praktischen Experiment orientierte Vorgehensweise Humboldts für mangelhaft durchdacht, er hält ein theoretisierendes, abstrahierendes Vorgehen für erkenntnisrelevanter (vgl. S. 224).

Die aufgeführten Inhalte können, nach stiller Lektüre der Textpassagen durch die Schüler, in einem gemeinsamen Unterrichtsgespräch geklärt werden. Ein entsprechender Arbeitsauftrag lautet:

- *Stellen Sie die charakterlichen und wissenschaftlichen Gegensätze zwischen Humboldt und Gauß zusammen, die im Kapitel „Der Sohn" deutlich werden.*

Nach diesem Arbeitsschritt kann bereits an dieser Stelle eine Zwischensicherung durch ein Tafelbild erfolgen, das durch die Ergebnisse der folgenden Aufgabe abgerundet wird.

Im Anschluss an die Analyse des „Sohn"-Kapitels erfolgt die Untersuchung des eigentlichen Wissenschaftsgesprächs. In diesem Diskurs prallen die unterschiedlichen Wissenschaftskonzepte unmittelbar aufeinander. Gauß repräsentiert den Typus des einsamen Forschers, der am Schreibtisch theoretische Wissensgebäude erschafft (vgl. S. 247). Damit geht das menschliche Bedürfnis nach persönlicher Sicherheit einher, das sich im Angewiesensein auf ein intaktes soziales Umfeld manifestiert (vgl. ebenda). Humboldt dagegen steht für einen sehr aktuell anmutenden Typus des mobilen und flexiblen (vgl. ebenda), mit den geistigen und politischen Eliten vernetzten Forschers (vgl. ebenda), der wissenschaftliche Ziele als Projekte konzipiert. An dieser Stelle kann ohne Weiteres der eigentlich auf das moderne Selbstbild des Wissenschaftsbetriebs bezogene Begriff der „scientific community" eingeführt werden, um den Schülern die Arbeitsweise Humboldts näher zu bringen. Was das wissenschaftliche Weltbild betrifft, so arbeitet Humboldt trotz aller seiner innovativen Ansätze noch eher mit tradierten geophysikalischen Vorstellungen (S. 246), während Gauß mit „Occams Rasiermesser" ein auch in den modernen Naturwissenschaften noch stark beachtetes methodisches Prinzip vertritt (vgl. ebenda).

- *Zeigen Sie anhand des Wissenschaftsgesprächs auf den Seiten 246–248, worin sich das Wissenschaftsverständnis Humboldts und Gauß' unterscheidet.*

Als Tafelbild eignet sich auch hier wieder eine tabellarische Gegenüberstellung. Wenn zur ersten Teilaufgabe eine Sicherung erstellt wurde, kann diese einfach ergänzt werden.

Wer schafft mehr Wissen? – Zwei Wissenschaftler im Kontrast (S. 215–226, 246–248)

	Humboldt	**Gauß**
Lebensstil	Umtriebiger, mobiler Abenteurer, Ablehnung fester persönlicher Bindungen;	Kauzige Weltfremdheit, Suche nach häuslicher Geborgenheit
Arbeitsweise	Projekte, Vernetzung in der „scientific community"	Einsamer Arbeiter am Schreibtisch
Methode	Empirische, experimentelle Forschung	Geistige Abstraktion, „Occams Rasiermesser"
Weltbild	Unter dem Einfluss des Kant'schen Weltbilds sowie tradierter geophysikalischer Vorstellungen	Radikales Anzweifeln der Kant'schen Lehre, Beschäftigung mit nichteuklidischer Wirklichkeitsauffassung

Die Erschließung der Wissenschaftsthematik des Romans kann durch eine kreative Schreibaufgabe abgerundet werden:

- *Stellen Sie sich vor, zur Zeit des Romans hätte es bereits eine Art Wissenschaftsnobelpreis gegeben. Entscheiden Sie, wer Ihrer Meinung nach den Preis eher verdient hätte, und entwerfen Sie eine Rede anlässlich der Verleihung.*

Das Bild des Wissenschaftlers und die Frage nach seinen Arbeitsbedingungen stellen auch ein eminent wichtiges Problemfeld im zeitgenössischen Diskurs dar. Je nach Interessenlage der Schüler können hier zahlreiche ergänzende Kurzreferate eingebaut werden. Mögliche Themen sind unter anderem:

1. *Die Forschungsreisen des James Cook/Louis de Bougainville/Nicolas Baudin und ihr wissenschaftlicher Ertrag*
2. *Die wissenschaftlichen Leistungen Carl Friedrich Gauß'*
3. *Das Bild des Wissenschaftlers in Goethes „Faust I"*
   (Aufgabenstellung nur sinnvoll, wenn dieser Text bereits im Unterricht behandelt wurde)

4. *Stereotype Bilder des Wissenschaftlers in Hollywood-Filmen*
   (Hilfreiche Internetseiten, die über eine entsprechende wissenschaftliche Untersuchung informieren:
   http://www.spiegel.de/unispiegel/wunderbar/0,1518,349611,00.html
   http://www.zeit.de/2004/23/Wissenschaftsfilme?page=all)

5. *Das Erbe Humboldts und Gauß': Heutige Möglichkeiten der Weltvermessung (Satelliten-GPS/Galileo-System, Klimaprognosen, Infrastrukturplanung, Konstruktion virtueller Welten...)*

6. *Kreativität, Vernetzung, Ökonomisierung: Wie funktioniert der moderne Forschungsbetrieb?*

7. *Betrug in der modernen Wissenschaft: Der Fall des südkoreanischen Genforschers Hwang und seine Hintergründe*

8. *Wissenschaftler oder Abenteurer? Die Berichterstattung über den Aufenthalt des deutschen Kosmonauten Thomas Reiter auf der internationalen Raumstation ISS im Jahre 2006*

Notizen

Joseph Wright: Alchimist

Joseph Wright: Ein Alchimist auf der Suche nach dem Stein der Weisen (1771)

■ *Beschreiben Sie den Bildinhalt und erläutern Sie, welche Vorstellungen von Wissenschaft das Bild transportiert.*

Der Aufstieg zum Gipfel: Forschung und Wahnsinn

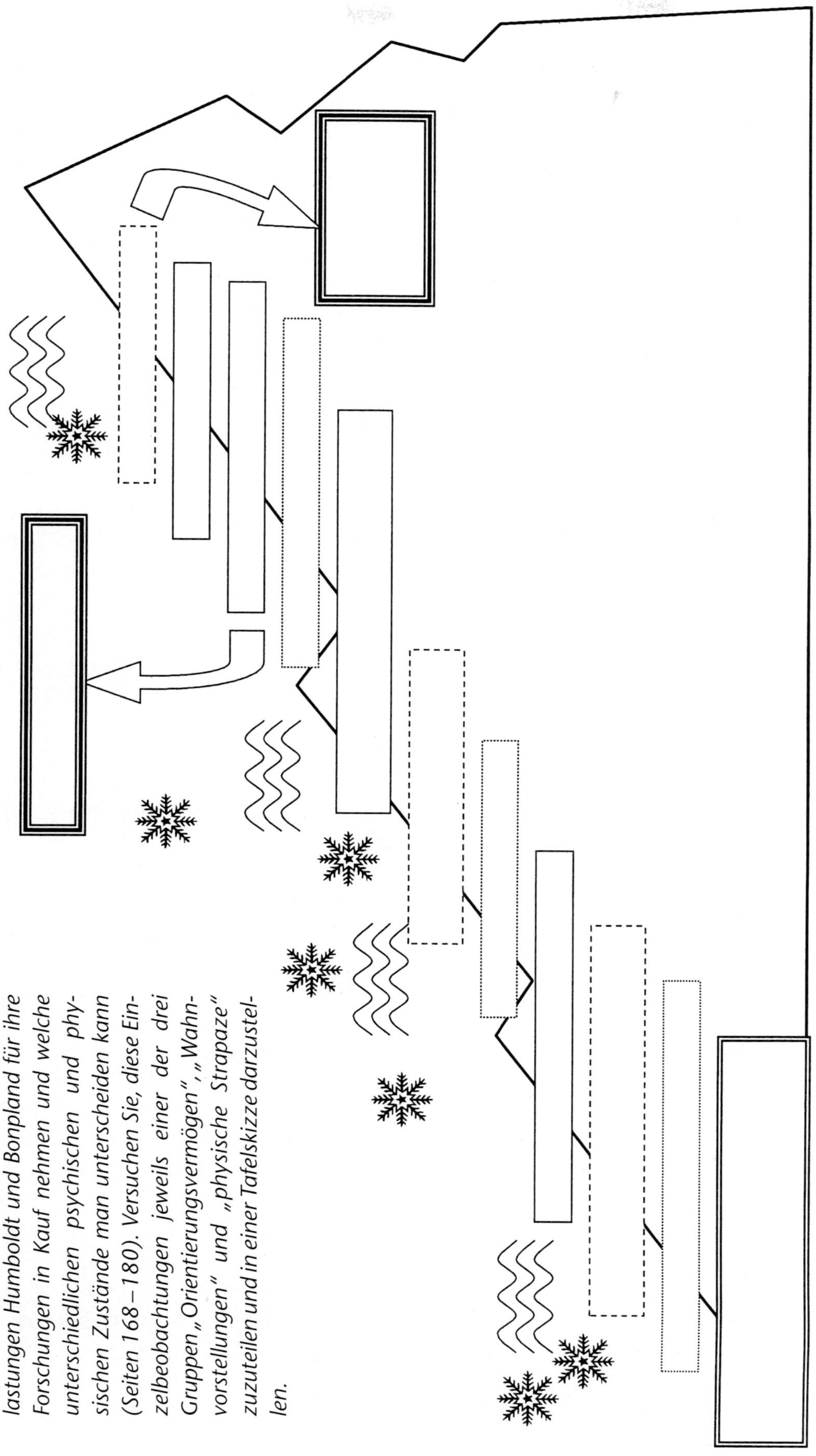

■ *Zeigen Sie anhand der geschilderten Besteigung des Chimborazo, welche extremen Belastungen Humboldt und Bonpland für ihre Forschungen in Kauf nehmen und welche unterschiedlichen psychischen und physischen Zustände man unterscheiden kann (Seiten 168–180). Versuchen Sie, diese Einzelbeobachtungen jeweils einer der drei Gruppen „Orientierungsvermögen", „Wahnvorstellungen" und „physische Strapaze" zuzuteilen und in einer Tafelskizze darzustellen.*

Der Roman als Zeitspiegel

Kehlmann begreift seinen Roman unter anderem als „eine satirische, spielerische Auseinandersetzung mit dem, was es heißt, deutsch zu sein – auch natürlich mit dem, was man, ganz unironisch die große deutsche Kultur nennen kann." (Zitat aus dem Interview im **Arbeitsblatt 31**, S. 107ff.). Damit berührt der Autor das seit zwei Jahrhunderten virulente Thema der deutschen Identitätsfindung. Mit seiner Frage „Was ist des Deutschen Vaterland?", formulierte Ernst Moritz Arndt bereits im Jahre 1813 das zentrale Problem der deutschen Geschichte seit den Napoleonischen Kriegen. Allein schon die öffentlichen Diskussionen hinsichtlich der Zulässigkeit des bei der Fußball-Weltmeisterschaft 2006 erlebten und gelebten Fußballpatriotismus machen unzweifelhaft deutlich, dass die Frage Arndts selbst nach zweihundert Jahren noch nicht verbindlich beantwortet werden kann und auch im Schulunterricht immer aufs Neue kontrovers behandelt werden muss.
In der „Vermessung der Welt" wird die deutsche Frage aus der historischen Perspektive der ersten Hälfte des 19. Jahrhunderts beschrieben. Dabei lässt Kehlmann drei mögliche Grundhaltungen der bürgerlich-gebildeten Schichten zu Wort kommen. Wir begegnen zum einen Alexander von Humboldt als Kind des 18. Jahrhunderts, der noch das Selbstverständnis der Weimarer Klassiker von der deutschen Kulturnation lebt und ganz im biedermeierlichen Sinne das Risiko jeglichen politischen Engagements scheut. Darüber hinaus geht der politische Riss mitten durch die Familie Gauß: Der Vater Carl Friedrich verehrt Napoleon und steht der deutschen Nationalbewegung scharf ablehnend gegenüber. Für diese wiederum tritt sein Sohn Eugen ein.
Um der Orientierungsfunktion des Deutschunterrichts gerecht zu werden, soll aus der eher historisch gelagerten Untersuchung dieser im Roman dargestellten Standpunkte im zweiten Teil des Bausteins ein Transfer auf die Gegenwart erwachsen. Zu diesem Zweck sollen beispielhaft die gegensätzlichen Standpunkte in der auf die Fußball-WM 2006 bezogenen Patriotismusdebatte analysiert und bewertet werden.

4.1 Humboldt als Repräsentant der Weimarer Klassik

Alexander von Humboldt repräsentiert unzweifelhaft die Ideale der Weimarer Klassik. Wie in Baustein 2 gezeigt, verdankt er diesen Zirkeln seine geistige Prägung. Deshalb vereinen sich in seiner Person charakteristische Kennzeichen dieser geistigen Bewegung: Sein unbeirrbarer Glaube an den allumfassenden Wert der Humanität stößt freilich im kulturellen Kontext Südamerikas an Grenzen. Seine Abneigung gegen revolutionäres Vorgehen tendiert zu einer gewissen Obrigkeitsgläubigkeit. Dazu passend bestimmt die für das Deutschland des 18. Jahrhunderts typische Kleinstaaterei Humboldts stellenweise engstirnig wirkende politische Ansichten. Das Klischee vom „staubtrockenen Klassiker" spiegelt sich wiederum in der Humorlosigkeit und Sprödigkeit des Humboldt'schen Wesens wider. Freilich gehört es wiederum zum Lebensprogramm Humboldts, der Weimarer Enge den Rücken zu kehren. Dies gelingt ihm aber nur phasenweise: Zwar entflieht Humboldt zunächst vor dem Einfluss Preußens nach Südamerika und nach Paris, schlüpft aber letztlich wieder unter den bergenden Rockschoß des preußischen Königshauses. Das Weimarer Erbe bleibt bis zu seinem Lebensende konstitutiver Schlüssel zu seiner persönlichen Identität.

Das Vorhandensein grundlegender Kenntnisse zur Weimarer Klassik dürfte bei den Schülern vorauszusetzen sein. Im Falle eventueller Wissenslücken kann eine kurze Wiederholung mithilfe einer Stichwortsammlung zur Zeit Goethes und Schillers an der Tafel oder mittels eines geeigneten Textes aus dem Schulbuch eingebaut werden.

Das Ziel der folgenden Unterrichtsschritte besteht darin, die Präsenz des Weimarer Erbes in der Figur Humboldts aufzuzeigen. Besonders deutlich wird diese Gegenwart in den Kapiteln, die sich auf die Südamerikareise Humboldts beziehen.

Als problematisierender Einstieg eignen sich zwei Textstellen aus dem Kapitel „Das Meer", die mit den Schülern angesprochen werden können:

S. 36 f.: Die Weimarer Mission

Humboldt wird von Goethe persönlich als Botschafter Weimars auf die Reise geschickt. Die kurze Szene zeigt dabei auf ironische Weise die Enge und Provinzialität der Weimarer Kreise: Mehrere deutsche Geistesgrößen sind auf engem Raum in Goethes Wohnung versammelt. Goethe verteidigt leidenschaftlich den Neptunismus, den Humboldt bereits zu widerlegen im Begriff ist, und verweist auf seine Antikensammlung als Symbol des klassischen Kunst- und Weltverständnisses, dessen Eurozentrik Humboldt mit der Fahrt nach Südamerika hinter sich lassen will. Wilhelm Humboldt wiederum unterhält sich offenbar mit großer Ernsthaftigkeit mit Wieland über die Vorteile des Blankverses, Schiller gähnt gelangweilt – ein Figurentableau voller Komik! Die Aussage Goethes „Unser Botschafter bleiben Sie auch überm Meer" enthält dabei auch einen wahren Kern, schließlich kann Humboldt der Prägung durch die klassische Geisteswelt nicht entkommen.

S. 51: Humboldts Betreten der neuen Welt

Auch diese Szene lebt von der Komik: Humboldt geht von Bord des Schiffes, das ihn und Bonpland nach Südamerika gebracht hat. Er trägt eine „tadellos preußische Uniform" und salutiert vor dem Schiffskapitän. Bei der Überfahrt ans Festland beschreibt Humboldt in einem Brief die Umgebung: Wärme, Helle, exotische Pflanzen und Tiere. Der Leser stellt sich unweigerlich einen Europäer in preußischer Uniform vor der Kulisse eines Palmenstrands vor. Diese starke Kontrastierung ironisiert den würdevoll und formell inszenierten Abschied Humboldts und deutet damit an, dass das Selbstverständnis des deutschen Reisenden sich nunmehr in fremder Umgebung bewähren muss.

Als nächster Schritt ist die folgende Textarbeit inhaltlich vorzubereiten, indem die geistigen Grundlagen und das Selbstverständnis der Weimarer Klassiker reflektiert werden. Dies kann zum einen durch ein wiederholendes Unterrichtsgespräch geschehen, wenn die Weimarer Klassik bereits abgehandelt wurde.

Im Anschluss daran bietet sich die exemplarische Untersuchung eines oder mehrerer Kapitel an, in der das Selbstverständnis Humboldts vor dem Hintergrund der Weimarer Ideenwelt betrachtet wird. Die angebrachte Sozialform wäre eine Gruppenarbeit. Die einzelnen Gruppen sollen ihre Ergebnisse auf Folien festhalten und anschließend am Overheadprojektor präsentieren. Als Sicherung kann die Lehrkraft den anderen Gruppen die einzelnen Folien als Kopie zur Verfügung stellen. Alternativ sollen die Schüler als Hausaufgabe eine Zusammenfassung von vielleicht einer halben Seite verfassen.

- *Untersuchen Sie das Ihnen vorliegende Kapitel auf Elemente des Humboldt'schen Selbstverständnisses und auf deren Verhältnis zu Weimar.*

Die drei Arbeitsgruppen werden wahrscheinlich mehr oder weniger auf folgende Textbelege stoßen:

Gruppe „Höhle":

- S. 70: Humboldt initiiert eine Sklavenbefreiung, die aber nicht in seinem Sinne verläuft.
- S. 78: Der das Denken der Aufklärung und damit auch der Weimarer Klassik prägende Philosoph Kant stellt für Humboldt eine unbestrittene Autorität dar.
- S. 80: Aufgrund seiner pedantische Züge tragenden Überkorrektheit wirkt Humboldt auf Bonpland wie ein Klischee-Deutscher.

Gruppe „Fluss":

- S. 111: Humboldt verteidigt die deutschen Klassiker gegen ihren angeblichen Humormangel, ohne jedoch überzeugen zu können.
- S. 121: Das Humanitätsideal der Klassik, also Freiheit und Vernunft, soll laut Humboldt auf der ganzen Erde als Ziel gelten.
- S. 128: Die spanische Übersetzung eines Goethe-Gedichts verpufft, da sich die eigentümliche Wirkung des Sprachkunstwerks nicht ins Spanische übertragen lässt.
- S. 134f.: Humboldt distanziert sich vehement vom Vorwurf des Kannibalismus.
- S. 139: Humboldt demonstriert offen seine loyale Haltung gegenüber Obrigkeiten.
- S. 142: Das Leben in Weimar wird keinesfalls als nostalgisches Sehnsuchtsziel verklärt.

Gruppe „Hauptstadt"

- S. 199: Kant wird von Humboldt als Autorität erwähnt.
- S. 202f.: Humboldt erinnert sich an Goethe sowie an die geistige Atmosphäre in Weimar, beispielhaft verkörpert in der philosophischen Frage nach der Ursprache der Menschheit.
- S. 203: Humboldt demonstriert seine Loyalität zu Preußen.
- S. 208: Deutschland steht in den Augen Humboldts für Zivilisation.
- S. 211: Er erkennt das klassizistische Erbe Winckelmanns in Washington.
- S. 212: Er widersetzt sich der Institution der Sklaverei.

4.2 Was macht den echten Patrioten aus?

Die in der „Vermessung der Welt“ präsente politische Atmosphäre im Deutschland der Vormärzzeit wird geprägt vom Gegensatz zwischen den auf Machtsicherung bedachten Monarchen und der nationalen und liberalen Bewegungen, die die Abkehr vom deutschen Provinzialismus und vom obrigkeitsstaatlichen Untertanendenken fordern und einen auf bürgerliche Grundrechte gestützten deutschen Bürgerstaat anstreben. Gegen diese Partizipationsansprüche wehren sich die Fürsten und Könige mit resoluten Mitteln. Unter der Führung des österreichischen Staatskanzlers Metternich ist der deutsche Staatenbund ein Hort der Restauration, die mit harten Repressionen polizeilich durchgesetzt wird. Dem entspricht auf internationaler Ebene die Heilige Allianz der drei Monarchen Preußens, Österreich-Ungarns und Russlands zur Abwehr liberaler Bewegungen.
Die politische Lage begleitet auch das Leben der Romanfiguren: Dabei werden in den Figuren drei mögliche Formen der politischen Einstellung dargestellt. Die Haltung Gauss' ist als reaktionär einzustufen. Aus seiner Verachtung für den Durchschnittsmenschen (vgl. S. 220) resultiert seine antidemokratische Verachtung für die Träger der Freiheitsbewegung (vgl. S. 219). Sein politisches Ideal sucht er selbst im Jahre 1828 immer noch im längst historisch gewordenen Napoleon (vgl. S. 217). Sein Sohn Eugen orientiert sich dagegen in die entgegengesetzte Richtung: Der Student hofft auf eine baldige Abschaffung der reaktionären Monarchien (vgl. S. 218) und auf die Realisierung der Freiheit (vgl. S. 221). Sein Interesse an Literatur (S. 221) ist sicherlich kein Zufall, wenn man bedenkt, dass viele Standpunkte und Forderungen des Vormärz über literarische Erzeugnisse kommuniziert wurden. Humboldt wiederum symbolisiert den biedermeierlich anmutenden Rückzug ins Private: Er steht sowohl der Reaktion wie auch der Studentenbewegung skeptisch gegenüber (vgl. S. 218) und laviert durchaus pragmatisch mit den machtpolitischen Rahmenbedingungen, da er nie die Ebene der Loyalität gegenüber der jeweiligen Obrigkeit verlässt (vgl. S. 216). Um keinen Zweifel an seiner Treue zu Preußen aufkommen zu lassen, beschreibt er sein Leben im napoleonischen Paris nachträglich als das eines des Verrats an Frankreich Verdächtigen (vgl. S. 217), während er in Wirklichkeit den Ruf des Vaterlandes geflissentlich ignorierte (vgl. S. 228f.).
Als Einstieg in die Behandlung der Problematik dient ein Blick in das Kapitel „Der Garten“. Auf Seite 181 des Romans bezeichnet Gauß Deutschland als „spaßigen Fleck“ (vgl. S. 181). Dieses Zitat kann zum Ausgangspunkt für eine Diskussion über die Facetten des Deutschlandbegriffs der Schüler genommen werden. Alternativ könnten anhand der Seite 187 kurz Inhalt und Bedeutung des Patriotismus-Begriffs diskutiert werden.
Anschließend ist der Kenntnisstand der Schüler im Hinblick auf die Epoche des Vormärz zu überprüfen. In Klassen mit eher geringem historischen Überblickswissen müsste mittels des **Arbeitsblattes 9**, S. 68 die politische Situation vor dem Jahr 1848 konkretisiert werden, bevor der Text auf seine geschichtlichen Zusammenhänge hin analysiert wird.
Zentral sind hierfür das Kapitel „Der Sohn“, in dem die Haltungen der drei Figuren deutlich werden, und das Kapitel „Der Vater“, das eine konspirative Versammlung politischer Studenten in Form einer Satire erzählt.
Ein Vorschlag für den Arbeitsauftrag lautet:

- *Zeigen Sie anhand des Kapitels „Der Sohn“, welche Haltung Humboldt, Gauß und Eugen jeweils zur nationalen Frage einnehmen.*

Deutschland im Vormärz, ein „spaßiger Fleck"?

Deutscher Bund: Reaktion der Fürsten gegen nationale Freiheitsbewegung

Gauß:

- Burschenschaften „Bewegung von Eseln" (S. 219)
- Idealisierung Napoleons (S. 217)
- glaubt nicht an Freiheit des menschlichen Handelns (S. 220)

→ **Reaktionär**

Humboldt:

- politische Hoffnungen seiner Jugend „unwirklich" (S. 218)
- Restauration „wie Mehltau" (S. 218)
- studentische Bewegung „Wirrköpfe" (S. 218)
- erklärt sich zum Hassfeind Napoleons (S. 217)
- lebt aber in Paris (S. 217; siehe auch S. 228!)
- loyal zum König (S. 216)

→ **Biedermeier**

Eugen:

- Russland schlimmste Despotie der Welt (S. 218)
  Freiheit „nicht mehr nur ein Schiller'sches Wort" (S. 221)
- interessiert an Literatur (S. 222)

→ **Burschenschaftler**

Im Anschluss wird das satirisch gestaltete Kapitel „Vater" auf das Bild hin untersucht, das von der studentischen Protestbewegung gezeichnet wird. Kehlmann hält sich dabei einerseits an die historischen Fakten, indem er die Zusammenkunft als geheim charakterisiert und die Programmatik der Burschenschaften ebenso präzise erzählt wie auch den äußeren Habitus der Studenten. Gleichzeitig erhält das Kapitel eine satirische Note, da die bemühte Ernsthaftigkeit der Versammlung durch eine komische Ebene konterkariert wird.
Zuerst werden nach einer gemeinsamen Lektüre die Elemente der im Unterrichtsgespräch zusammengestellt.

Die leitende Fragestellung lautet hierbei:

- *Beschreiben Sie, welche Elemente der studentischen Nationalbewegung im Kapitel „Der Vater" sichtbar werden, und erklären Sie anhand geeigneter Beispiele, worin die satirische Wirkung des Kapitels besteht.*

Auf der Basis der Ergebnisse lässt sich folgendes Folienbild gestalten:

Stimmung im Keller: Was machen eigentlich die Burschenschaftler?

Beschreibung der Versammlung:

- Die politische Freiheit ist das Ziel aller angestrebten Veränderungen, S. 228
- Universitäten sind die Keimzellen der Freiheitsbewegung, S. 228
- Polizeiverfolgungen machen konspirative Treffen nötig, S. 228f.
- Die Studenten bedienen sich patriotischer Losungen und Bekleidungen, S. 229
- Man liest patriotische Literatur: Lyrik, „Turnkunst" von Jahn, S. 230
- Ein Doppelgänger des von den Studenten verehrten Turnvaters Jahn tritt auf, S. 231
- Der Redner bedient programmatische Feindbilder des Vormärz, S. 231f.:
  - Restaurative Fürsten sowie die Heilige Allianz
  - Frankreich
  - staatstragende Kirche
- Die Ideale der Burschenschaften werden beschworen: „frisch, fromm, fröhlich, frei", S. 232

↓

an historischen Fakten orientiert ...

↕

aber: satirische Wirkung ...

↑

... aufgrund starker Kontraste, beispielsweise:

- trotz Bemühungen um effektive Sicherheit laienhafte Eingangskontrolle, S. 229
- trotz vollmundigen politischen Selbstbewusstseins Treffen im Untergrund, S. 229
- trotz großer Erwartungshaltung Hereinfallen auf Doppelgänger Jahns, S. 233
- trotz Beschwörung des Ideals männlicher Stärke weinende Jünglinge bei Verhaftung, S. 233

Ergänzend könnten die gesammelten Ergebnisse in Form eines produktiven Schreibtransfers umgesetzt werden:

- *Stellen Sie sich vor, Sie wären ein ausländischer Reporter, der im Jahre 1828 als Sonderkorrespondent nach Deutschland gesandt wird. Erstellen Sie einen aussagekräftigen Pressebericht, in dem Sie Ihre Eindrücke von der Bewegung wiedergeben.*

4.3 Das gegenwärtige deutsche Nationalbewusstsein

Die Behandlung der deutschen Frage im Roman provoziert die Schüler beinahe zwangsläufig zu einer Auseinandersetzung mit diesem Thema vor dem Horizont der eigenen Erfahrungen. Besonders nützlich ist hierbei die Fußball-Weltmeisterschaft 2006, deren starke Eindrücke die meisten Schüler noch lebendig in Erinnerung haben dürften und in deren Kontext auf publizistischer Ebene eine kontroverse Patriotismusdebatte geführt wurde.
Als problematisierenden Einstieg, präsentiert auf Overhead-Folie, eignet sich folgendes Zitat des damaligen UNO-Generalsekretärs Kofi Annan, das er anlässlich seines Besuches während der WM in Deutschland äußerte:
„Die ganze Welt hat auf den Ball und auf Deutschland geblickt. Ich muss sagen, was ich gesehen und gehört habe: Es ist eine der besten Weltmeisterschaften, die es je gegeben hat [...] Der freundschaftliche Geist ist hier wirklich aufgegangen [...].“ Die Welt habe keine Angst mehr vor übertriebenem Patriotismus in Deutschland und ein vereinigtes und glückliches Volk erlebt, sagte Annan. „Es war wundervoll, wie die Nation hinter dieser glorreichen Anstrengung vereint war.“ (Frankfurter Allgemeine Zeitung vom 10. Juli 2006; als Kopiervorlage auf **Arbeitsblatt 10**, S. 69)

Zur Vertiefung der Problematik eignet sich das fakultative Erstellen einer Collage mit historischen Bildern zum Thema Deutschland in Gruppenarbeit.

- *Suchen Sie im Internet nach circa zehn Bildelementen, die Ihrem Urteil nach „typisch deutsche“ Inhalte zeigen. Gestalten Sie aus Ihrem Material ein Plakat, das Sie anschließend der Klasse vorstellen.*

Als mögliche Bildmotive zum Thema „Deutschland und die Deutschen“ können beispielsweise herangezogen werden:

- Martin Luther
- Bismarck
- Rhein-Burgen
- Goethe- und Schiller-Denkmal in Weimar
- Brandenburger Tor
- Auschwitz
- Siemens
- Mercedes
- Wiedervereinigung
- Regensburger Altstadt
- Mülltrennung
- Stechuhr
- Schild „Spielen verboten“
- Schweinsbraten und Knödel
- Autobahn
- Deutsche Touristen in Bibione
- Shopping-Meile einer Großstadt
- Michael Schumacher
- Fahrradwege
- Der Deutsche Bundestag
- Repräsentanten des öffentlichen Lebens
- Fernsehberühmtheiten
- usw. ...

Will man den Arbeitsprozess kürzer gestalten, genügt auch eine einschlägige Stichwortsammlung an der Tafel.
Nach dieser Sensibilisierungsphase für die Facetten des aktuellen Deutschlandbildes erfolgt eine Überleitung zur fußballbegleitenden Patriotismusdebatte im Sommer 2006. Wenn ausreichend Zeit zur Verfügung steht, kann den Schülern ja das Angebot gemacht werden, den Kinofilm „Deutschland – ein Sommermärchen“ von Sönke Wortmann zu zeigen, der die emotionalen Momente dieses Großereignisses gekonnt in Szene setzt. Eine solche Vorführung böte sich auch für einen unterrichtsfreien Nachmittag an. Natürlich können beispielsweise auch Bilder von fahnenschwenkenden, schwarz-rot-gold geschmückten Fans gezeigt werden

(**Arbeitsblatt 11**, S. 70) oder WM-Hits auf CD vorgespielt werden, zum Beispiel „54, 74, 90, 2006" von den Sportfreunden Stiller oder „Danke" von Xavier Naidoo.
Basierend auf dieser Einführung bekommen die Schüler folgende Aufgabe:

- *Notieren Sie sich, wofür Ihrer Meinung nach die deutsche Fahne im Rahmen von Sportfeierlichkeiten steht.*

Nach der Auswertung im Unterrichtsgespräch wird ein kritischer Leserbrief ausgewertet (siehe **Arbeitsblatt 12**, S. 71), der den Patriotismus der Deutschen als inhaltsleer und als Element moderner Popkultur brandmarkt.

- *Analysieren Sie den Leserbrief „Inhaltsleerer Pop-Patriotismus", indem Sie die Argumentationsstruktur des Textes darstellen.*

Das angestrebte Lernziel besteht darin, die Schüler zu einem eigenen Urteil anzuregen. Dies könnte unter anderem in Form einer kreativen Schreibaufgabe geschehen:

- *Verfassen Sie einen Leserbrief, der auf die Argumentation des Autors eingeht und Ihren eigenen Standpunkt deutlich werden lässt.*

Für eine weitere Behandlung des Themas findet sich im **Zusatzmaterial 2**, S. 107ff. eine Pro-Kontra-Debatte aus der FAZ. Ausgelöst wurde dieser Diskurs durch den Text „Echte Patrioten", einen kurzen Zwischenruf des Journalisten Michael Eder, der den zur Schau gestellten Patriotismus rundherum ablehnt. Als Vertiefung werden zwei Artikel gegenübergestellt, die sich direkt auf die Thesen von „Echte Patrioten" beziehen: Michael Ashelm bewertet den Patriotismus als Chance, das eigene Selbstverständnis zu überdenken und ihm ein für die Welt sympathischeres Aussehen zu geben. Michael Eder dagegen hält die Begeisterung für eine lediglich kurzfristige Mode, die vor allem den Geschäftemachern zugute komme.
Weiteres Material, beispielsweise für eine Gruppenarbeit, bietet die Internetpräsenz der Wochenzeitung „Die Zeit". Auf http://www.zeit.de/deutschland/patriotismus (Stand: 15.08.2006) sind die publizierten Artikel zur Patriotismusdebatte gesammelt. Die Texte könnten auch in Form von Kurzreferaten vorgestellt werden.

Historisher Hintergrund – Gegen Einheit und Freiheit

Das System Metternich

Das Prinzip der Volkssouveränität, das bei der französischen Revolution bestimmend gewesen war, hatte die alte Ordnung erschüttert. Der Wiener Kongress hatte es sich deshalb zur Aufgabe gemacht, die Könige und Fürsten als Garanten für Sicherheit und Frieden wieder einzusetzen. Allerdings kehrten in Deutschland nicht alle alten Herrscherhäuser zurück, sondern nur diejenigen, die die Wirren der napoleonischen Ära überstanden hatten. Diese hatten sich die völkerrechtliche Anerkennung erworben und wurden nach dem Prinzip der Legitimation wieder eingesetzt. Metternich war maßgeblich für die Politik verantwortlich, die er es sich zum Ziel machte, die restaurierte Ordnung aufrechtzuerhalten. Diese Politik bezeichnet man auch als System Metternich.
Um die Herrschaft zu sichern, war es notwendig, alle liberalen Bestrebungen zu unterdrücken. Dies war einerseits in der Wiener Schlussakte festgelegt. Im Art. 57 wurde das monarchische Prinzip, dass alle Staatsgewalt beim Souverän verbleibt, betont. Andererseits reagierten die Herrscher mit einschränkenden Maßnahmen auf die liberalen Bestrebungen. Diese Bestrebungen entwickelten sich im 19. Jahrhundert auf der Grundlage der Gedanken Kants, Lockes und Montesquieus. So entstand eine politische Bewegung, der Liberalismus. Die Liberalen Deutschlands traten für Freiheit, Selbstbestimmung des Individuums, Einschränkung der fürstlichen Macht und Beteiligung an politischen Prozessen ein. Die Freiheitsrechte waren u. a. Gewissens- und Religionsfreiheit, Meinungs- und Pressefreiheit. Diese Forderungen wurden auf der Basis des gemeinsamen Kampfes gegen Napoleon erhoben. Allerdings wurde diesen Forderungen nur vage in der Bundesakte Rechnung getragen, die allgemein von landständischen Verfassungen in den Bundesstaaten sprach. Es blieb aber den einzelnen Fürsten überlassen, ob und wie sie dieses Postulat umsetzten. Nur wenige, wie der bayerische König 1818, setzten Verfassungen in Kraft. Anstöße in diese Richtung in Preußen versandeten, auch in Österreich gab es keine Verfassung.
Im Kampf gegen Napoleon hatte sich bei den deutschen, besonders bei den Studenten und Professoren, ein Nationalgefühl entwickelt. Dies war erst gegen die Fremdherrschaft Napoleons gerichtet, dann gegen die Einzelinteressen der Mitglieder des Deutschen Bundes, die die Einheit und damit die Unterordnung unter die Herrschaft eines anderen ablehnten. Die Studenten verliehen ihrem Wunsch nach Einheit durch die Gründung von Burschenschaften Ausdruck. Die in Jena 1815 entstandene „Allgemeine Deutsche Burschenschaft“ vereinte erstmals Studenten über regionale Grenzen hinweg. In vielen anderen Universitätsstädten entstanden weitere Burschenschaften, die nach Einheit, Gleichheit und Freiheit strebten. Das Wartburgfest 1817 war die erste gemeinsame Kundgebung der Burschenschaften. Anlass waren das 300-jährige Jubiläum der Reformation und der vierte Jahrestag der Völkerschlacht bei Leipzig. In der Anlehnung an Luthers Verbrennung der päpstlichen Bulle wurden Schriften verbrannt, die wider den Einheits- und Freiheitsgeist waren – wie die „Geschichte des Deutschen Reiches“ von August von Kotzebue.
Es gab im Umfeld der Burschenschaften auch radikale Gruppierungen, von denen sich die Burschenschaften nicht deutlich abgrenzten. Karl Ludwig Sand, der einer radikalen Fraktion zuzuordnen ist, ermordete am 20. März 1819 den bekannten Dichter August von Kotzebue. Dieser war nicht nur ein Gegner der Burschenschaften, er hatte sich als Herausgeber des Literarischen Wochenblatts über diese lustig gemacht. Zudem stand er im Dienste des russischen Zaren und vertrat die restaurative Politik. Weil Sand aus dem Kreise der Burschenschaften kam, wurde der Terrorakt der ganzen liberalen Bewegung angelastet.
Metternich machte daraufhin die freiheitlichen Bewegungen an den Universitäten, die Liberalen und die freie Presse für den Mord verantwortlich. In Karlsbad versammelte er die wichtigsten Mächte des Deutschen Bundes, um Entschlüsse gegen diese Kräfte zu fassen. Am 20. September 1819 wurden die Karlsbader Beschlüsse verabschiedet. In diesen waren die Entlassung liberaler Professoren, die Überwachung der Universitäten und das Verbot der Burschenschaften festgelegt. Die Presse wurde der Zensur unterworfen. In Mainz wurde eine siebenköpfige zentrale Untersuchungskommission eingerichtet. Die von der Kommission verfassten Berichte dienten der Bundesversammlung zur Einleitung von Gerichtsverfahren. In den einzelnen Staaten wurden die Bundesbeschlüsse unterschiedlich ausgelegt. In Österreich und Preußen begannen nun zwei Jahrzehnte der Verfolgung, in denen Liberale überwacht und verhaftet wurden. Viele Liberale emigrierten, der Großteil der Bevölkerung zog sich ins Privatleben zurück. Die Epoche des Biedermeier kennzeichnet diesen Rückzug in das private Glück.

Aus: Geschichte und Geschehen. Band 3 (Bayern), S. 57–58, Ernst Klett Schulbuchverlag Leipzig GmbH

■ *Fassen Sie die Ziele der Politik Metternichs zusammen und stellen Sie diesen die Reaktionen des bürgerlichen Lagers gegenüber.*

Kofi Annan zur Fußball-WM

„Die ganze Welt hat auf den Ball und auf Deutschland geblickt. Ich muss sagen, was ich gesehen und gehört habe: Es ist eine der besten Weltmeisterschaften, die es je gegeben hat. [...] Der freundschaftliche Geist ist hier wirklich aufgegangen [...].“ Die Welt habe keine Angst mehr vor übertriebenem Patriotismus in Deutschland und ein vereinigtes und glückliches Volk erlebt, sagte Annan. „Es war wundervoll, wie die Nation hinter dieser glorreichen Anstrengung vereint war.“

In: Frankfurter Allgemeine Zeitung vom 10.7.2006

Kofi Annan, 1997–2006 Generalsekretär der Vereinten Nationen

■ *Erläutern Sie die Aussage Annans zum deutschen Patriotismus vor dem Hintergrund Ihrer Kenntnisse über deutsche Geschichte.*

Fanbild

Ausgelassene Anhänger des deutschen Teams während der Fußball-WM 2006

Leserbrief

Inhaltsleerer Pop-Patriotismus

Die Erfolge der deutschen Nationalmannschaft und der Erfolg der Fußballweltmeisterschaft haben, so liest man allenthalben, das Land verändert. Von einem neuen Patriotismus ist die Rede und davon, dass die Deutschen ein unproblematisches, ja reifes Verhältnis zu ihren nationalen Symbolen entwickelt hätten. Aber hält die Diagnose eines neuen Patriotismus einer genaueren Betrachtung stand?

Ein unkompliziertes Verhältnis zur deutschen Fahne offenbarte der Blick aus jedem beliebigen Fenster – aber als was fand die Fahne Verwendung? Zunächst war sie ein Zeichen der Identifikation, das sagt: „Auch ich gehöre dazu, auch ich unterstütze Klinsmanns Truppe". Auf der anderen Seite fungierte die Fahne – insbesondere in ihren Derivatformen als Mütze, Gesichtsbemalung, Haarfarbe, Armreif und Kleidungsstück – als modisches Accessoire; sie unterschied sich als solches nicht von anderen Modeartikeln. Das Tragen von Schwarz-Rot-Gold ist auch (möglicherweise gar primär) modisches Bekenntnis. Die Farben der deutschen Fahne sind gewissermaßen die Farben der Saison; aber was im Falle der Mode als Vergänglichkeit mitreflektiert wird, blenden die Kommentare, die von einem neuen Patriotismus sprechen, aus. Wie nachhaltig wird also das neue Bekenntnis zu Deutschland sein – wenn es denn überhaupt ein Bekenntnis zu Deutschland ist?

An diesem „Bekenntnis" fällt nämlich eine inhaltliche Leere auf. Lässt man die letzten Wochen Revue passieren, so stellt sich die neue Deutschland-Euphorie zunächst als Bekenntnis zu einem (unerwarteten) Erfolg dar. Sie trug zudem eigentümlich selbstreferenzielle Züge. Nicht nur Erfolg macht „sexy", sondern auch die Begeisterung über die eigene Begeisterung – die Jubelnden bejubeln sich selber (nicht nur, wenn sie ihr eigenes Jubeln auf Großbildschirmen bejubeln können). Diese Begeisterung der „zweiten Ordnung" ist zugleich merkwürdig indifferent. Das fussballbegeisterte Publikum der Fanmeilen ist kaum vom Publikum eines Popkonzerts oder den Teilnehmern der Loveparade zu unterscheiden. Die Farben und Kostüme mögen wechseln, die Form des Feierns bleibt gleich – die Masse feiert ihre eigene Zugehörigkeit zur Masse. Es geht weniger um Anlass oder Inhalt als um das Feiern selbst, um den Genuss, Teil einer Masse zu sein, zu jubeln, dazuzugehören.

Aber nicht nur die Form der Begeisterung, die von Inhalten und Anlässen abstrahiert, lässt das Phänomen eher als Pop denn als Patriotismus erscheinen. Aus dem Bereich des Pop stammt ganz offensichtlich auch die „Ästhetik" der Begeisterung. Wie auch die zeitgenössische Werbung spricht Pop die sinnliche Wahrnehmung an und bleibt so reflexionsfrei. Es geht nicht darum, intellektuell zu überzeugen oder zu informieren, sondern um den Genuss schöner Formen. Der Vorteil der schönen Form liegt schließlich darin, dass sich gegen sie nicht argumentieren lässt. Es geht um Spaß, um „fun", um ästhetischen Genuss und gerade nicht um ein Bekenntnis zu irgendwelchen Inhalten.

Trifft aber diese These zu, so unterläuft der Rede von einem neuen, gar aufgeklärten Patriotismus, der sich im Tragen der Nationalfarben und in der Begeisterung über deutsche Erfolge manifestiere, ein kategorialer Fehler; nicht ein neuer Patriotismus ist unter den Deutschen heimisch geworden, sondern eine Form der Popkultur, die sich mal der Farbkombination Schwarz-Rot-Gold, mal der Kostümierung der Technoparaden, aber wohl auch jeder anderen Ausstaffierung bedienen kann. Ob dies nun als positiv oder negativ zu beurteilen ist, mag offen bleiben, Doch mit einem neuen Patriotismus hat das Phänomen wohl nur peripher zu tun.

Dr. Sven Lewandowski, Hannover, in: Frankfurter Allgemeine Zeitung vom 24.07.2006

Z. 15: Derivatformen = abgeleitete Formen
Z. 32/33: selbstreferenziell = sich auf sich selbst beziehend
Z. 49 u. a.: Pop = hier für die moderne Kunstrichtung der ‚Pop-Art', die populäre Phänomene des Alltags als ästhetische Objekte betrachtet

■ *Analysieren Sie den Leserbrief „Inhaltsleerer Pop-Patriotismus", indem Sie die Argumentationsstruktur des Textes darstellen.*

Baustein 5

Die Erfahrung des Alterns

Die Erfahrung des Alterns stellt eine wichtige Thematik des Romans dar. Der Alterungsprozess zeigt sich zunächst einmal in sozialer Hinsicht. Die Abfolge verschiedener Lebensphasen spiegelt sich bei Humboldt in seinem Rivalitätsverhältnis zu seinem Bruder wider: Aus der inferioren Position Alexanders in der Jugendzeit, die ihn zu großen wissenschaftlichen Erfolgen antreibt, erwächst im Alter ein gegenseitiges Respektsverhältnis. In der Familie Gauß bietet dagegen der permanente Konflikt zwischen dem Vater Carl und seinem Sohn Eugen den Anlass, das Phänomen des Generationenkonflikts im Roman zu thematisieren. Gauß und Humboldt zeigen darüber hinaus eine weitere Gemeinsamkeit: Beide altern auch als Forscher und erfahren deshalb entsprechende altersbedingte Minderungen ihrer wissenschaftlichen Leistungsfähigkeit.

Aufgrund der großen Aktualität des Themas „Alternde Gesellschaft" dürfte die Schwerpunktsetzung des Autors kein Zufall sein. Deshalb wird dem Baustein ein Projektentwurf beigefügt, der die Sinnebene des Romans mit der derzeitigen gesellschaftspolitischen Debatte verknüpfen soll.

5.1 Die Funktion des Alterns für die Familienverhältnisse

5.1.1 Wachsende Nähe: Die Brüder Humboldt

Auf das spannungsreiche Verhältnis zwischen Wilhelm und Alexander wurde bereits im Baustein 1 Bezug genommen. Die wesentlichen Ergebnisse sollten zu Beginn der Besprechung des folgenden Abschnitts kurz wiederholt werden.

Auch wenn Wilhelm nur zu Beginn und zum Ende des Romans persönlich auftritt, so ist er als Hintergrundfigur zum Handeln Alexanders während des gesamten Romans präsent. Um die Bedeutung Wilhelms als Kontrastfigur zu Alexander analysieren zu können, sind vor allem folgende, noch nicht untersuchte Textbereiche wichtig: Für den Ausgangspunkt vor dem Aufbruch Alexanders die Seiten 38–41, für das Zusammentreffen im Alter der beiden die Seiten 241f. sowie die Seiten 263–266. Während der Expedition nach Südamerika besteht nur brieflicher Kontakt. Dabei geht es Alexander vor allem darum, dem Bruder seine wissenschaftlichen Erfolge mitzuteilen und um weitere Verbreitung in der Öffentlichkeit zu bitten (vgl. S. 51, 78). Diese Textstellen geben für eine systematische Textanalyse zu wenig her. Der Lehrer sollte aber bei der Interpretation des Verhältnisses der beiden Brüder die betreffenden Belege kurz ansprechen.

Vor der Expedition Alexanders nach Südamerika besteht ein eindeutiges Gefälle zwischen beiden Personen: Wilhelm pflegt offenbar bereits Umgang mit den Größen der deutschen Geisteswelt, mit Wieland, Herder und Goethe (vgl. S. 36). Außerdem glaubt er für Alexander als „Hüter" (Z. 38) verantwortlich zu sein. Wilhelms Ehefrau betrachtet ihren Schwager sogar als „zur Karikatur verzerrtes Abbild ihres Gatten" (S. 38). Der Abschied von seinem Bruder fällt Alexander nicht schwer, obwohl es vielleicht ein Abschied für immer sein könnte (vgl. S. 41).

Am Ende seines Forscherlebens dagegen kann Alexander seinem Bruder auf Augenhöhe begegnen. Die im Roman geschilderte Szene (S. 241f.) zeigt eine für die Öffentlichkeit wohl

bewusst inszenierte, würdevolle, von gegenseitigem Respekt geprägte Begegnung. Eine Aufarbeitung der Beziehung erfolgt dann im privaten Rahmen. Der Tod der Frau Wilhelms ermöglicht eine persönlichere, intimere Aussprache, teils mündlich, teils in Briefform gehalten, die den jüngeren Bruder als ebenbürtig, wenn nicht sogar als den reiferen Part erscheinen lässt. Wilhelm, der angesichts der wechselseitigen Aufeinanderbezogenheit der Brüder das Wort eines „Lebens in Verdoppelung" (S. 266) formuliert, meint, an seiner Bestimmung zum preußischen Kanzler gescheitert zu sein, während Alexander die Annahme einer persönlichen „Bestimmung" inzwischen als individuelles Wunschdenken betrachtet, deren Verfolgung zudem intensive Zwänge mit sich bringe (vgl. S. 264). Darunter fällt für Alexander auch der Verzicht auf das Ausleben seiner Homosexualität (vgl. S. 264). Ein weiterer Unterschied besteht darin, dass Wilhelm nach eigener Aussage ein langweiligeres Leben geführt hat, um der Einsamkeit zu entgehen, während Alexander das Alleinsein bewusst in Kauf genommen hat, um der Langeweile, also der inneren Leere, zu entgehen (vgl. S. 264).
Ein Interpretationsauftrag zu diesem Aspekt könnte folgendermaßen formuliert sein:

- *Analysieren Sie die Entwicklung im Verhältnis der beiden Brüder Alexander und Wilhelm von Humboldt im Laufe ihres Erwachsenenlebens. Bearbeiten Sie dabei folgende Textstellen: S. 38–41, S. 241f. sowie S. 263–266.*

Vorschlag für das Tafelbild:

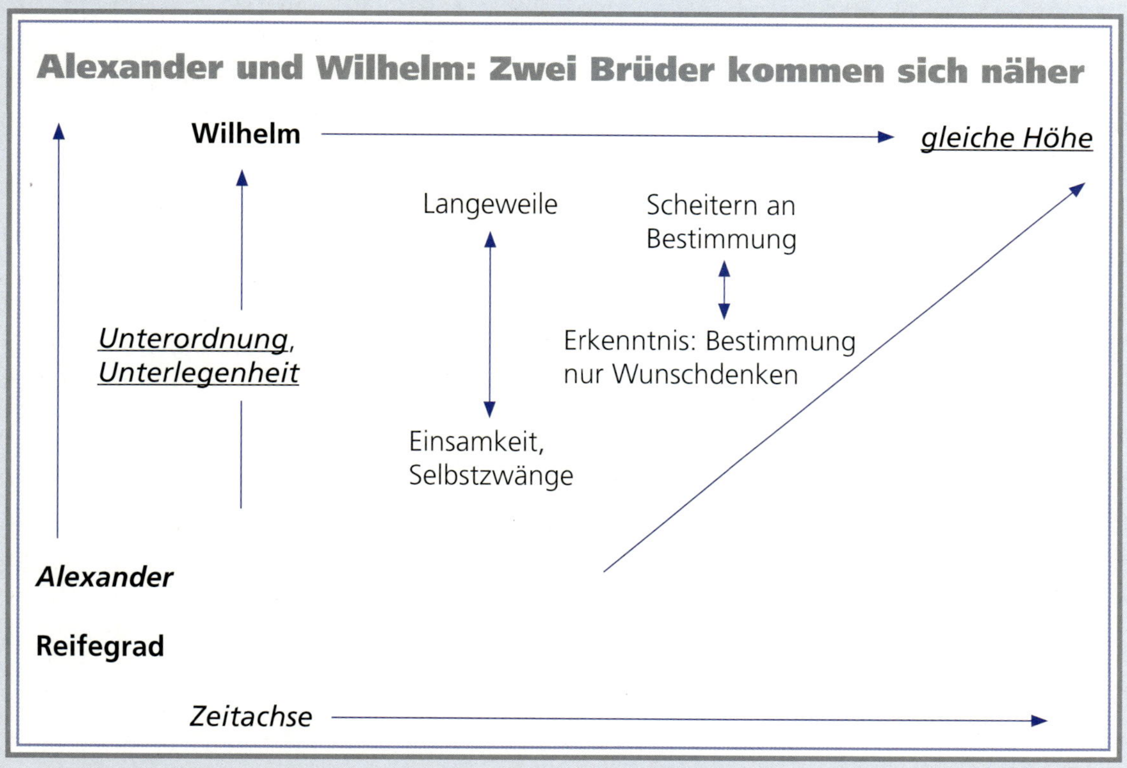

5.1.2 Wachsender Abstand: Gauß und sein Sohn Eugen

Anders als Humboldt, dem ein älterer Bruder als Orientierungspunkt beigegeben ist, steht Gauß als Einzelkind in der Welt, was die Singularität seiner Erscheinung unterstreicht. Die kontrastive Schilderung des Lebens seines aus der zweiten Ehe mit Minna stammenden Sohnes Eugen ist in diesem Zusammenhang durchaus von erheblicher Aussagekraft, da der Sohn dem übermächtigen Vater grundsätzlich untergeordnet ist. Man denkt in diesem Zusammenhang an die Einschätzung Johannas, der zufolge jeder in der Nähe Gauß' zu einer bloßen Randfigur degradiert werde (vgl. S. 93). Eine Chance auf ein wirklich eigenständiges Leben erhält Eugen erst, als er sich vom Vater räumlich und damit auch innerlich zu lösen vermag.

Dem jungen Eugen kommt im Leben Gauß' allenfalls eine Statistenrolle zu. Als Landvermessergehilfe unglücklich agierend, konfrontiert ihn der Vater immer wieder in grober Weise mit seinen Unzulänglichkeiten (vgl. S. 193). Der Sohn ist stets auf Akte körperlicher Züchtigung gefasst (vgl. S. 194), der Vater fällt in Erziehungsmuster zurück, die er von seinem eigenen Vater erfahren hatte („Halt dich gerade", S. 194). Dabei verärgert ihn vor allem die geistige Durchschnittlichkeit des Sohnes, den er als „dummen Esel" bezeichnet (S. 194).

Zum Zeitpunkt des Treffens zwischen Humboldt und Gauß steht Eugen zwar noch im Schatten des Vaters, deutet aber inzwischen einen eigenen Lebensweg an. So schreibt der Jurastudent heimlich Gedichte, wie der Vater verächtlich kundtut (vgl. S. 222). Das zusätzliche Mathematikstudium ist offenbar auf väterlichen Druck zustande gekommen (vgl. S. 222). Ansonsten ist das Verhältnis von Überforderung durch den Vater geprägt. Auf den Einwand Humboldts, dass junge Menschen Anerkennung bräuchten, entgegnet Gauß lediglich: „Wo nichts sei, kann nichts werden." (vgl. S. 223). Gleichwohl zeigt Eugen Ansätze zum Widerstand, als er angesichts der Beschimpfungen durch seinen Vater wütend den Raum verlässt (vgl. S. 223) und Kontakt zur nationalliberalen Studentenbewegung aufnimmt (vgl. S. 228). Diese trug bekanntlich ebenfalls einen kollektiven Generationenkonflikt aus: Getragen vor allem von der jungen Generation, begehrte diese vor allem gegen die von ihren Vätern repräsentierten politischen und sozialen Strukturen in Deutschland auf.

Als Eugen aufgrund der Teilnahme an einer illegalen Versammlung verhaftet wird, zeigt Gauß zunächst keinerlei Neigung, seinem Sohn zu Hilfe zu kommen (vgl. S. 249). Ein Rettungsversuch Humboldts scheitert an der Arroganz Gauß', der selbst in Situationen, in denen es um das Schicksal seines Sohnes geht, seine persönliche Eitelkeit nicht zu unterdrücken vermag (vgl. S. 258). Die Verbannung nach Amerika und die damit verbundene Trennung von seinem Vater bedeutet für Eugen freilich eine Chance zum Neubeginn, gerade weil der Vater ihm beim endgültigen Abschied keinerlei Perspektive aufzuzeigen vermag (vgl. S. 296) und Eugen sich damit frei macht.

- *Erarbeiten Sie aus dem Text die Entwicklung des Verhältnisses zwischen Gauß und seinem Sohn Eugen. Berücksichtigen Sie dabei folgende Textstellen: S. 193 f., S. 223 f., S. 227–234 sowie S. 295–302.*

Wenn der Vater mit dem Sohne …
Der Vater-Sohn-Konflikt in der Familie Gauß

Gauß ← **zunehmende Distanz** → ***Eugen***

auf Weg ins Exil Befreiung von Vaterfigur

kann verbanntem Sohn keine Perspektive aufzeigen

keine Unterstützung für inhaftierten Eugen

Anschluss an nationalliberale Studenten

Verächtlichmachung der Interessen Eugens

Entwicklung eigener Interessen, zum Teil Widerspruch gegen väterliche Autorität

Ausgangssituation:
- Eugens Unterordnung unter Vater
- streng autoritäre Erziehung
- Eugen als passiver Sündenbock

Als Alternative kann man zur Methode des kreativen Schreibens greifen:

- *Stellen Sie sich vor, Eugen würde bei seinem Zwischenstopp auf Teneriffa systematisch über seine Vergangenheit an der Seite seines Vaters und über seine Zukunftsaussichten ohne ihn nachdenken. Schreiben Sie einen entsprechenden Brief, in dem Eugen seinem Vater die Ergebnisse seines Nachdenkens mitteilt.*

5.2 Die alternden Forscher

Das Kapitel „Die Steppe“ zeigt Humboldt und Gauß als Wissenschaftler, die den Zenit ihrer Leistungskraft überschritten haben. Eine systematische Untersuchung der im Text enthaltenen einschlägigen Details lässt einen präzisen Blick auf die physischen und psychischen Aspekte des durch Kehlmann detailgetreu geschilderten Alterungsprozesses bei Humboldt und Gauß zu. Dabei zeigt der Autor einerseits die negativen Seiten des Alters auf, also vor allem den fortschreitenden Abbau psychischer und physischer Potenzen. Andererseits vermag der Autor dem Altern auch positive Seiten abzugewinnen: Humboldt und Gauß erweisen sich als gereifte Persönlichkeiten, die in Würde über den Alterungsprozess und die eigene Lebensbilanz reflektieren können.
Als Einstieg in die Analyse des Kapitels sollten sich die Schüler ein weiteres Mal mit der Auseinandersetzung zwischen den beiden Humboldt-Brüdern beschäftigen (S. 263–266) und darin nach Selbstaussagen über das Älterwerden suchen.

- *Untersuchen Sie die S. 263–266 auf Anzeichen des Älterwerdens bei den beiden Protagonisten.*

Die wesentlichen Textstellen für eine Diskussion im Rahmen eines Unterrichtsgesprächs lauten:

- Das Altern wird als Phase der Erschlaffung erfahren (vgl. S. 263).
- Der Zweifel an der eigenen Bedeutung setzt ein (vgl. S. 264).
- Der Horizont des Lebens verengt sich, wird durch immer kleiner werdende Kreise charakterisiert (vgl. S. 266).

Nach dieser Sensibilisierungsphase wenden sich die Schüler der Auswertung der Textpassagen zu, die sich mit Humboldts Russlandreise sowie mit Gauß' elektromagnetischen Forschungen beschäftigen. Dabei sollen sie nach charakteristischen Merkmalen des Älterwerdens suchen.
Bei Humboldt fällt in erster Linie auf, dass er in Russland gewissermaßen als sein eigenes Denkmal vorgeführt wird. So deuten die geschilderten Museumsbesuche an, dass er selbst inzwischen ein Ausstellungsstück darstellt, das Zeugnis von vergangenen Zeiten ablegt. Er leidet dabei zunehmend unter der Last seiner Berühmtheit. Ihm werden keine eigenen Forschungsleistungen mehr zugetraut, er verliert den Anschluss an wissenschaftliche Standards. Vonseiten der jüngeren Begleiter behandelt man den inzwischen kränkelnden Humboldt mit nachsichtiger Schonung. Darauf reagiert er mit Verhaltensweisen, die auf die Umwelt teils durchaus kindisch wirken (Belegstellen siehe unten).
Bei Gauß wiederum setzt eine Form der Altersmilde ein, er erlebt an sich aber auch einen vorher so nicht gekannten Ehrgeiz. Dabei gesteht er sich ein Nachlassen der intellektuellen und körperlichen Fähigkeiten ein, schätzt sich aber noch als einigermaßen leistungsfähig ein. Von hohem Symbolwert ist seine Arbeit an mathematischen Grundlagen für Sterbestatistiken, was eine direkte Anspielung auf die moderne Sicht auf das Alter als finanzielles Versorgungsproblem darstellt (Belegstellen siehe unten).
In einem ersten Arbeitsschritt sind die relevanten Textstellen zu sammeln.

■ *Erstellen Sie eine Übersicht der Textstellen, aus denen hervorgeht, wie sich der Prozess des Alterns bei Humboldt und Gauß darstellt (Textgrundlage: S. 267–293).*

Kennzeichen des Alterns bei Humboldt:

Ihm unterlaufen Planungsfehler. (S. 268)
Statt Gelegenheit zu Forschungen zu erhalten, nötigt man ihn zu Museumsbesuchen. (S. 269)
Sein Begleiter Rose nimmt ihm Forschungsarbeit aus der Hand. (S. 269)
Humboldt leidet an einer Sehschwäche. (S. 270)
Seine Absichten und Wünsche werden nicht ernstgenommen. (S. 270, S. 278)
Ihm wird schwere Arbeit abgenommen. (S. 274)
Er arbeitet mit veralteten wissenschaftlichen Methoden. (S. 275)
Seine Hände zittern. (S. 275)
Humboldt ist hinsichtlich wissenschaftlicher Standards nicht mehr auf dem Laufenden. (S. 276)
Humboldt ist anfällig für Krankheiten. (S. 278)
Der Aufstieg auf den Magnetberg fällt ihm schwer. (S. 278)
Er nickt immer wieder ein. (S. 279)
Seine Augen weisen Risse auf. (S. 279)
Humboldt wird wie ein unmündiges Kind zurechtgewiesen. (S. 284)
Die Begegnung mit dem Buddhismus persifliert das Klischee der Altersweisheit. (S. 285 f.)
Humboldt muss wissenschaftliche Messungen in aller Heimlichkeit durchführen. (S. 288)

Er will die Reisebeschreibung selbst verfassen, wird aber daran gehindert. (S. 288)
Er erkennt das Ende seines lebenslangen Reisens. (S. 289)
Er zieht eine Bilanz seiner Lebenserfahrung. (S. 291)
Er empfindet Resignation angesichts seines wissenschaftlichen Lebenswerkes. (S. 293)

Kennzeichen des Alters bei Gauß:

Gauß entwickelt eine Form der Altersmilde, auch gegenüber seiner Ehefrau Minna. (S. 267)
Er entdeckt erst in einer späten Lebensphase seinen Ehrgeiz. (S. 273)
Er betrachtet das Altern als wissenschaftliches Problem, da er eine Sterbestatistik für eine Versicherung erarbeitet. (S. 280 f.)
Seine Augen weisen Risse auf. (S. 282)
Er hat Gedanken an Tod. (S. 282)
Er nickt regelmäßig ein. (S. 283)
Er erfährt körperliche und geistige Einschränkungen, ist aber froh, überhaupt alt werden zu dürfen. (S. 292)

Nach dem Sammeln der Textaussagen sollte eine Auswertung der Zitatstellen in Form eines Unterrichtsgesprächs erfolgen.
Selbstverständlich können die Textstellen auch in einer systematischen Form ausgewertet werden, indem man die einzelnen Informationen den Oberpunkten „körperliches Altern", „geistig-seelisches Altern" sowie „Reaktionen der Umwelt" zuordnet. Hierzu lässt sich beispielsweise das für Partnerarbeit konzipierte **Arbeitsblatt 13**, S. 80 einsetzen.
Eine Abrundung der Aufgabe kann durch einen kreativen Schreibauftrag erfolgen:

- *Gauß/Humboldt spricht im Jahr 2007 als Ehrengast auf einem Kongress der „Grauen Forscher" zum Thema „Ist mit 65 schon Schluss?". Entwerfen Sie eine entsprechende Rede aus der Sicht eines alt gewordenen Wissenschaftlers.*

Die Frage nach Leistungsfähigkeit älterer Wissenschaftler spielt auch in der gegenwärtigen Diskussion um die Hochschulreform eine bedeutende Rolle. Zur möglichen Vertiefung dieses Aspekts findet sich im Zusatzmaterial ein Beitrag des Romanisten Jürgen Trabant mit dem Titel „Zu alt für Exzellenz" (siehe **Zusatzmaterial 3**, S. 110).

5.3 Fächerübergreifendes Projekt zum Thema „Altern"

Das Altern des Menschen stellt in vielerlei Hinsicht ein wichtiges gesellschaftliches Thema das, das die Lebenswirklichkeit der derzeitigen Schülergeneration in erheblichem Maße bestimmen wird. Das betrifft die Sicherung des Sozialsystems ebenso wie die Suche nach seniorengerechten Konsumprodukten und berührt außerdem die sinnstiftende Deutung des menschlichen Alterns in Kunst und Kultur. Aus diesem Grund bietet sich zur inhaltlichen Problematisierung und Vertiefung die Durchführung eines vorrangig auf Internetrecherchen gestützten Projekts an.
Hilfreiche Informationen und provozierende Thesen, die der Lehrkraft als Grundlage für die Durchführung des Projekts dienen können, bietet Frank Schirrmacher: Das Methusalemkomplott, München 2005. Die Thesen Schirrmachers lassen sich auch durch ein Kurzreferat in den Unterricht einbringen (Themenstellung siehe unten). Ebenfalls zur fundierten Informa-

tion geeignet ist das Werk von Nicholas Strange: Keine Angst vor Methusalem, Lüneburg 2006.

Um der Vielseitigkeit des Rahmenthemas gerecht zu werden, trägt das Projekt einen fächerübergreifenden Charakter: Möglichst viele an der Schule vertretenen Disziplinen sollen Berücksichtigung finden. Das Gelingen des Vorhabens hängt natürlich stark von der Kooperationsbereitschaft der anderen Kollegen und von der Existenz organisatorischer Freiräume jenseits des Stundentakts ab. Deshalb sind eine frühe Kontaktaufnahme zu den Kollegen sowie eine Absprache über die Stundeneinteilung während der Projektphase unverzichtbar.

Die eigentliche Projektphase gliedert sich in vier Arbeitsschritte:

Einstiegsphase:

Zum thematischen Einstieg dienen politische Karikaturen (wie beispielsweise auf **Arbeitsblatt 14**, S. 80) oder aktuelle Statistiken (**Arbeitsblatt 15**, S. 82), die sich mit den gesellschaftlichen Implikationen der zunehmende Überalterung der Bevölkerungspyramide beschäftigen. Die Schüler verbalisieren die Aussagen, werten sie im Unterrichtsgespräch aus und diskutieren über die möglichen oder zu erwartenden positiven und negativen Konsequenzen für Politik, Wirtschaft und Gesellschaft.

Alternativ bietet sich auch die Auswahl passender Passagen aus dem oben angeführten Buch von Frank Schirrmacher an, beispielsweise die Kapitel: „Deutschland im Vergleich zur Welt", „Das soziale Altern", „Das geistige Altern", „Die Methusalem-Generation" oder auch „Ein Kampf um den Kopf". Die Texte können in Gruppenarbeit analysiert, zusammengefasst und anschließend im Plenum vorgestellt werden. Die Hauptthesen des Buches könnten auch von einem Schüler in Form eines Kurzreferates vorgestellt werden.

Verlauf:

Anschließend beginnt die eigentliche Projektarbeit im Computerraum. Je nach Größe der Klasse werden Arbeitsgruppen gebildet (in der Regel 3–6 Schüler), die Informationen zu ihrem Teilthema selbstständig und eigenverantwortlich im Netz recherchieren, auswerten und in informativ gestaltete Plakate umsetzen. Die Lehrkraft verteilt die ausgewählten Teilaufgaben (siehe **Arbeitsblatt 16**, S. 83) und gibt einen Zeitrahmen vor (circa 4–6 Schulstunden). Alle am Projekt beteiligten Kollegen sollten den Arbeitsgruppen in möglichst vielen Stunden als Ansprechpartner und Berater zur Verfügung stehen.

Folgende Teilthemen und Fächer könnten berücksichtigt werden:

Mathematik:	Was sagen Statistiken über die demografische Entwicklung aus?
Technologie, Physik:	Welche technischen Produkte braucht ein alter Mensch?
Geschichte:	Wie gestaltete sich das Altern in früheren Generationen?
Sozialkunde:	Wie organisiert die Gesellschaft das Zusammenleben der Generationen?
Wirtschaft:	Die alternde Gesellschaft – Fluch oder Segen für die Volkswirtschaft?
Geografie:	Wie altert man in anderen Gesellschaften? (Auswahl aussagekräftiger Beispiele)
Deutsch:	Wie wird das Altern als Thema in der Literatur verarbeitet?
Kunst:	Wie wird das Altern als Thema in der Kunst dargestellt?
Religion:	Wie gestaltet sich die individuelle Sinnsuche des alternden Menschen?

Selbstverständlich lässt sich die Themenliste auch individueller dem Interessenhorizont der Schüler anpassen, indem nach der Einstiegsphase gemeinsam sinnvolle Themen zusammengestellt werden. Eventuell lässt sich auch aus dem Charakter der jeweiligen Schule ein interessanter Aspekt ableiten. So könnten musische Gymnasien über die Produktivität älterer Komponisten arbeiten, eine nach Johann Wolfgang von Goethe benannte Schule könnte gezielt das Spätwerk des Klassikers in den Blick nehmen.

Präsentation:

Am Ende der Erarbeitungsphase steht die Präsentation der Ergebnisse durch die einzelnen Arbeitsgruppen. Die Schüler präsentieren ihre Ergebnisse dem Kurs. Je nach Qualität der Präsentation lässt sich unter Umständen auch eine kleine Ausstellung für das Schulhaus zusammenstellen, um die ganze Schulgemeinschaft von den Erkenntnissen des Kurses profitieren zu lassen.

Evaluation:

Zum Abschluss sollte eine Projektevaluation durchgeführt werden, und zwar von Lehrer- wie auch von Schülerseite. Hierzu dienen die **Arbeitsblätter 17**, S. 84 und **18**, S. 85 als Vorlage. Die Schüler erhalten eine Rückmeldung über die Qualität ihrer Arbeit, die Lehrkraft erhält Hinweise zur Optimierung des Projektunterrichts. Es könnte sich dabei als sinnvoll erweisen, der Klasse einen oder beide Bögen bereits vor der Erarbeitungsphase vorzustellen, um die Lernziele transparenter zu machen.
Zunächst sollte eine offene Aussprache über die Qualität der Plakate erfolgen. Anschließend kann man über das aus Schülersicht gelungenste Plakat abstimmen lassen (beispielsweise bekommt jeder Schüler ein post-it, das er auf dem von ihm favorisierten Plakat anbringen kann). Ziel ist es, den Schülern bewusst zu machen, dass sie als Adressaten der Plakate fungieren und damit deren Aussagekraft aus eigener Sicht beurteilen können.
Eine differenziertere Qualitätsbeurteilung erfolgt durch die Lehrkraft, die für jeden Schülerbeitrag einen Evaluationsbogen (**Arbeitsblatt 17**, S. 84) erstellt und diesen mit der Klasse bespricht. Die Schüler wiederum erhalten mit **Arbeitsblatt 18**, S. 85 Gelegenheit, die Projektphase aus ihrer Sicht zu bewerten. Auch dieser Bogen sollte transparent ausgewertet werden, z. B. durch eine Auszählung der Ergebnisse an der Tafel und durch die anschließende Besprechung des Meinungsbildes. Erfahrungsgemäß wollen nämlich viele Schüler, neben dem Ankreuzen vorgegebener Kategorien, ihre Einschätzungen zusätzlich verbalisieren.

Vorschlag für ein Kurzreferat:

- *Schirrmachers „Methusalemkomplott" – kritische Vorstellung der Hauptaussagen des Buchs.*

Humboldt und Gauß im Alter

Humboldt und Gauß – Zwei große Persönlichkeiten werden alt ...

Humboldt

Körperliches Altern:	Geistig-seelisches Altern:	Reaktionen der Umwelt:

Gauß

Körperliches Altern:	Geistig-seelisches Altern:	Reaktionen der Umwelt:

- *Teilen Sie die aus dem Text (S. 267–293) erarbeiteten Kennzeichen des Alters bei Humboldt und Gauß in die vorgegebenen Kategorien ein und besprechen Sie die Ergebnisse mit Ihrem Nachbarn/Ihrer Nachbarin.*

Karikaturen zur demografischen Entwicklung

Die Geburtenrate sinkt kontinuierlich. Deutschland befindet sich auf dem letzten Platz in Europa.
18.01.2005, Frankfurter Allgemeine Zeitung

Die Zahl der Beitragszahler in die Sozialkassen sinkt beständig. 25.04.2005, Das Parlament

Infografik

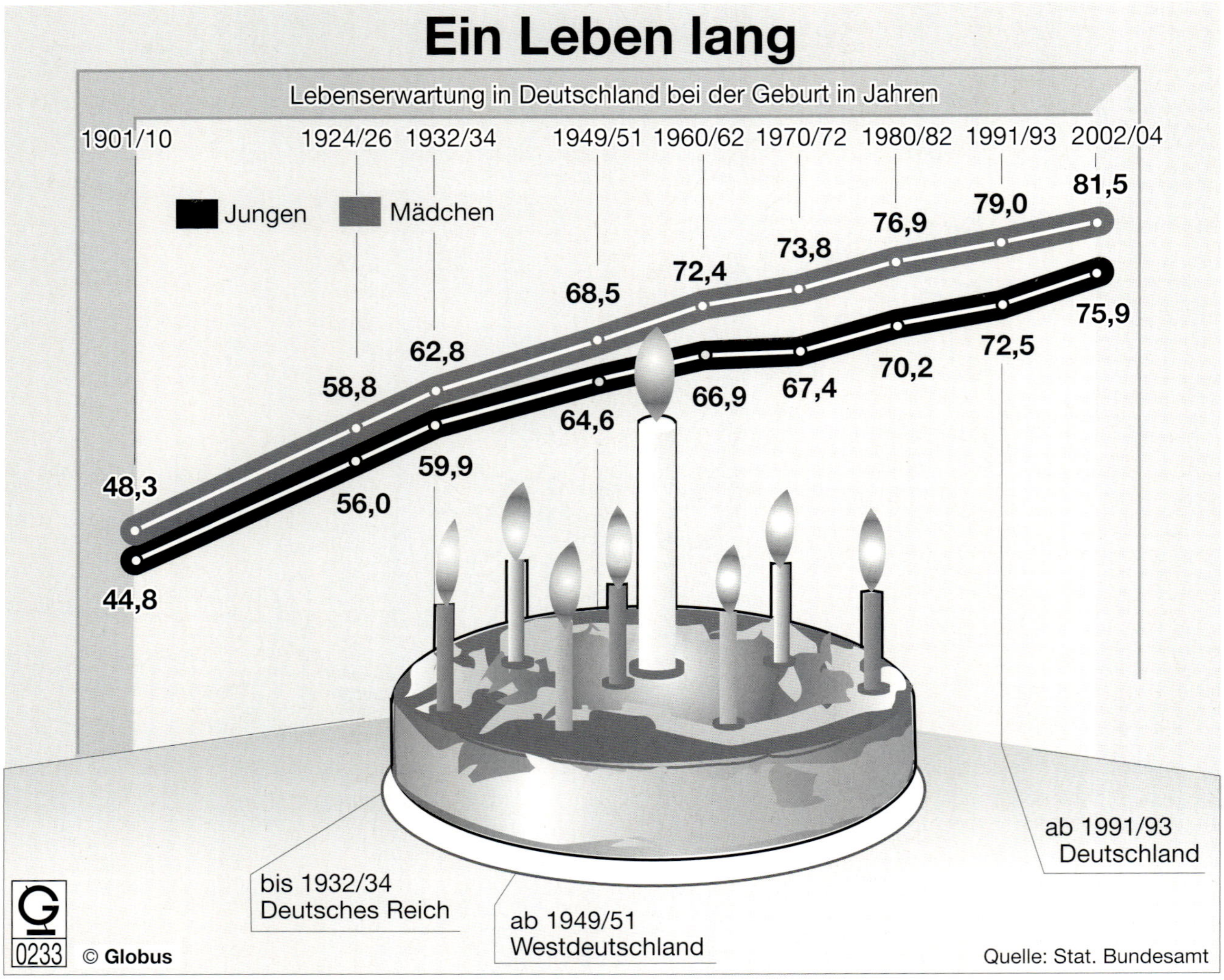

■ *Beschreiben Sie das Phänomen der gestiegenen Lebenserwartung, wie es die Statistik darstellt, und diskutieren Sie Vor- und Nachteile dieser Entwicklung.*

Projektauftrag

„Mit 66 Jahren ...! – Altwerden in Deutschland

Ein fächerübergreifendes Projekt der Klasse ____________

Ziel der Projektarbeit:

Eine klassenübergreifende Produktion zum Thema „Altern", die den Betrachter neugierig macht, informiert, anregt, provoziert, aufklärt, zum Mitdenken anregt, fasziniert,...

Aufgabe der Projektarbeit:

- Erarbeitung eines bestimmten Teilthemas als Projektbeitrag ...
  (gefordert ist eine vertiefte, problematisierende Auseinandersetzung mit einem bestimmten thematischen Aspekt des Alterns. Für die interne Aufgabenverteilung ist jede Gruppe selbst verantwortlich.)
- ... sowie die angemessene Präsentation der Ergebnisse auf einem Plakat
  (dazu gehört eine sinnvolle Verknüpfung von informativen und übersichtlichen Textinformationen mit erläuternden Bildern, Diagrammen, etc.)

Gruppenthemen:

1. Mathematik:
Was sagen Statistiken über die demografische Entwicklung aus?

2. Technologie, Physik:
Welche technischen Produkte braucht ein alter Mensch?

3. Geschichte:
Wie gestaltete sich das Altern in früheren Generationen?

4. Sozialkunde:
Wie organisiert die Gesellschaft das Zusammenleben der Generationen?

5. Wirtschaft:
Die alternde Gesellschaft – Fluch oder Segen für die Volkswirtschaft?

6. Geografie:
Wie altert man in anderen Gesellschaften?

7. Deutsch:
Wie wird das Altern als Thema in der Literatur verarbeitet?

8. Kunst:
Wie wird das Altern als Thema in der Kunst dargestellt?

9. Religion:
Wie gestaltet sich die individuelle Sinnsuche des alternden Menschen?

Zeitplan:

Für das Projekt stehen insgesamt ________ Unterrichtsstunden zur Verfügung.

Viel Erfolg!

Evaluationsbogen für die Gruppenarbeit

Evaluationsbogen für Gruppe ___________

Bewertungsfeld I: Inhalt

1. Sachliche Richtigkeit — Anmerkungen:
- ☐ überzeugend
- ☐ angemessen
- ☐ befriedigend
- ☐ im Ganzen zufriedenstellend
- ☐ teilweise verbesserungswürdig
- ☐ überarbeitungsbedürftig

2. Aufgabenbezug, Problemerfassung — Anmerkungen:
- ☐ überzeugend
- ☐ angemessen
- ☐ befriedigend
- ☐ im Ganzen zufriedenstellend
- ☐ teilweise verbesserungswürdig
- ☐ überarbeitungsbedürftig

3. Inhaltliche Abstraktion/Zusammenfassung — Anmerkungen:
- ☐ überzeugend
- ☐ angemessen
- ☐ befriedigend
- ☐ im Ganzen zufriedenstellend
- ☐ teilweise verbesserungswürdig
- ☐ überarbeitungsbedürftig

Bewertungsfeld II: Gestaltung, Präsentation

1. Aussagekraft der Texte, Diagramme. Bilder etc. — Anmerkungen:
- ☐ überzeugend
- ☐ angemessen
- ☐ befriedigend
- ☐ im Ganzen zufriedenstellend
- ☐ teilweise verbesserungswürdig
- ☐ überarbeitungsbedürftig

2. Leserfreundlichkeit/Übersichtlichkeit des Plakats — Anmerkungen:
- ☐ überzeugend
- ☐ angemessen
- ☐ befriedigend
- ☐ im Ganzen zufriedenstellend
- ☐ teilweise verbesserungswürdig
- ☐ überarbeitungsbedürftig

3. Durchführung der Präsentation — Anmerkungen:
- ☐ überzeugend
- ☐ angemessen
- ☐ befriedigend
- ☐ im Ganzen zufriedenstellend
- ☐ teilweise verbesserungswürdig
- ☐ überarbeitungsbedürftig

Evaluationsbogen zum Projekt „Altern“

Für die Beantwortung der einzelnen Fragen gilt folgende Bewertungsskala:

① = trifft voll zu

② = trifft zum großen Teil zu

③ = trifft nur beschränkt zu

④ = trifft nicht zu

[x] Bitte zutreffende Beurteilung ankreuzen! [x]

1. Zielsetzung und Anforderungen des Projekts waren klar vorgegeben.
   ① ② ③ ④

2. Das Thema war interessant und ansprechend gewählt.
   ① ② ③ ④

3. Die Bearbeitungszeit und die Arbeitsmöglichkeiten waren angemessen.
   ① ② ③ ④

4. Die Lehrkraft leistete angemessene Hilfestellungen.
   ① ② ③ ④

5. Die Teamarbeit in der Projektgruppe gestaltete sich kooperativ und zielorientiert.
   ① ② ③ ④

6. Ich kann bei mir selbst einen angemessenen Wissens- und Verständniszuwachs feststellen.
   ① ② ③ ④

7. Ich kann einen Lernerfolg im Bereich der Arbeitstechniken (Computerrecherche, Teamarbeit, Präsentation) verzeichnen.
   ① ② ③ ④

8. Ich bewerte die Arbeitsform „Projektarbeit“ insgesamt folgendermaßen:

____

____

9. Für die Durchführung weiterer Projekte möchte ich folgende Anregungen geben:

____

____

Vielen Dank für Ihre Mithilfe!

Baustein 6

Ein historischer Roman als Bestseller

Kehlmann ist mit seiner „Vermessung der Welt" eine Erzählung geglückt, die in die Kategorie des historischen Romans fällt, gleichwohl die Erwartungen an das Genre transzendiert. Jenseits des üblichen Schemas – eine oder mehrere historische Figuren werden mit Herausforderungen konfrontiert, an denen sie wachsen und ihre Lebensleistungen vollbringen – erzählt Kehlmann seinen historischen Stoff mit Ironie gegenüber seinen Hauptfiguren und aus einer kritischen Perspektive heraus. Um das Eigentümliche und das Neue der Kehlmannschen Erzählweise zu konkretisieren, bietet sich vor allem der Rückgriff auf die Passagen zur Südamerikareise Humboldts an. Hierzu existieren nämlich passende literarische Vergleichstexte: Humboldts eigene Erinnerungen sowie der historische Roman „Der Entdecker" von Mattias Gerwald.

Im Folgenden wird zunächst das Verhältnis zwischen literarischer Fiktion und historischer Quelle untersucht. Kehlmann orientiert sich zum Teil sehr detailliert an den Vorgaben aus den Lebenserinnerungen Humboldts, macht dabei freilich aus dem Sachtext Literatur. Im nächsten Schritt bildet das Buch „Der Entdecker" den Vergleichspunkt. Auch dieser Text ist aus den von Humboldt hinterlassenen Quellen gearbeitet, folgt jedoch ganz dem konventionellen Schema des historischen Romans. Auf der Grundlage der gewonnenen Einsichten in das Besondere des Kehlmann-Werkes sollen die Schüler dazu angeregt werden, Hypothesen darüber aufzustellen, worin die Gründe für den großen Erfolg des Kehlmann-Romans liegen könnten.

6.1 Quelle und literarische Fiktion

Humboldt hat ein beachtenswertes und umfangreiches Œuvre hinterlassen, in dem sich sein Leben als Forscher sowie seine wissenschaftlichen Erkenntnisse niedergeschrieben finden. Zur Annäherung an die Südamerikaexpedition Humboldts steht als wichtige Quelle unter anderem das Werk „Reise in die Äquinoktialgegenden des Neuen Kontinents" zur Verfügung. In diesem Text beschreibt Humboldt seine Südamerikaexpedition, beginnend mit den Reisevorbereitungen in Spanien im Jahre 1799 und endend mit der Ankunft auf Havanna fünf Jahre später. In dieser Reisebeschreibung steht die Beschreibung wissenschaftlicher Tatsachen im Vordergrund: Persönliches mischt sich höchst selten in die Ausführungen, und dann nur in Gestalt dezenter humorvoller Bemerkungen.

Kehlmann wiederum, der in seinem Roman die Südamerikareise gerafft und episodenhaft beschreibt, nimmt sich immer wieder den Inhalt einzelner Passagen bei Humboldt als Vorbild, hebt den Inhalt freilich auf eine literarische Ebene.

Um den Schülern die künstlerische Gestaltungsabsicht des Autors vor Augen zu führen, werden im Folgenden Auszüge aus den Vorlagen mit Textstellen aus dem Roman verglichen. Zunächst wird ein Textstellenpaar gemeinsam gelesen und im Unterrichtsgespräch einander gegenübergestellt. Es handelt sich dabei um die Episode mit der Sonnenfinsternis (**Arbeitsblatt 19**, S. 91, Kehlmann, S. 79f.).

- *Die Sonnenfinsternis: Vergleichen Sie die Humboldt'sche Textvorlage mit der Variante Kehlmanns. Beschreiben Sie jeweils die Erzählperspektive sowie die inhaltliche Darstellung und überlegen Sie, welche Wirkungen die beiden Autoren anstreben.*

Auffallend ist zunächst der Wechsel der Erzählperspektive: Humboldt bedient sich der Ich-Form, während Kehlmann die auktoriale Erzählebene bevorzugt. Auch das Personentableau wird verändert. Humboldt geht in der fraglichen Textstelle nicht auf seinen Begleiter Bonpland ein, während bei Kehlmann der Dialog zwischen den beiden in den Vordergrund tritt, vor allem um die Sonderstellung der Humboldt'schen Wissenschaftlerpersönlichkeit zu charakterisieren.
Hinzu kommt, dass Humboldts Beschreibung streng wissenschaftliche Absichten verfolgt: Die Phänomene werden sachlich und emotionslos beschrieben und mittels Querverweisen auf andere wissenschaftliche Quellen fundiert. Die Ergebnisse werden vor allem vom Gedanken der Präzision bestimmt. Kehlmann dagegen schildert den Moment der Sonnenfinsternis als durchaus spannenden Moment, wie die dramatische Naturschilderung bestätigt. Ansonsten lebt die anekdotenhafte Szene vor allem vom starken Kontrast zwischen der Einstellung Bonplands, der die Sonnenfinsternis als sinnliches Ereignis wahrnimmt, und dem Verhalten Humboldts, der die Einmaligkeit aus der Perspektive des distanzierten Forschers beschreibt. Dabei sind sich beide der Ausnahmestellung des Ereignisses bewusst, freilich jeder auf der Ebene seiner persönlichen Sichtweise. Der angesichts der distanzierten Haltung Humboldts merklich erschütterte Bonpland vermag sich das Verhalten nur mit dem „Deutschsein" seines Reisegefährten zu erklären.
Die Ergebnissicherung erfolgt auf dem Arbeitsblatt. In einem weiteren Schritt erhalten die Schüler weitere Textstellen (**Arbeitsblatt 19**, S. 91 ff.). Zunächst sollten die Schüler im Unterrichtsgespräch einen Kriterienkatalog für die Textanalyse entwickeln (z. B. Erzählperspektive/Szenenaufbau, Figurenbeschreibung, Sachschilderungen, Absicht des Autors ...). In einem zweiten Schritt werden die Texte in Gruppenarbeit auf die gewählten Kriterien hin untersucht.

Folgende Episoden stehen zur Auswahl:
- Der Drachenbaum
- Bienen auf dem Berg Silla
- Der Galvaniker in Calabozo
- Das überfallene Mädchen
- Don Ignazio

Die Ergebnisse werden der Klasse von den jeweiligen Gruppensprechern vorgestellt.
Bei all diesen Beispieltexten zeigt sich stets das gleiche Prinzip: Die sachbetonte Schilderung Humboldts nutzt Kehlmann als Rohmaterial, aus dem er überwiegend dialogbetonte Szenen konstruiert. Diese dienen primär zur Charakterisierung und Psychologisierung der Figur Humboldts. Die Schüler sollen im Rahmen dieser Übung vor allem erkennen, wie die Technik der literarischen Überformung Sinn und Aussagegehalt einer Textpassage zu ändern vermag, ohne wesentliche Eingriffe in den Sachzusammenhang durchführen zu müssen.

6.2 Vergleich mit dem historischen Roman „Der Entdecker"

Das Motiv des Forschungsreisenden Humboldt, der auf fernen Kontinenten Abenteuer erlebt, stellt ein attraktives Motiv auch für die Verfasser von historischen und Abenteuerromanen dar. Im Folgenden wird der Kehlmann-Roman mit dem vier Jahre vorher erschienenen Buch „Der Entdecker" von Matthias Gerwald verglichen.

Gerwalds Roman schildert, wiederum auf der Basis der Humboldt'schen Erinnerungen, die Abenteuer Humboldts und Bonplands auf ihrer Südamerikareise. Er beschränkt sich dabei auf die Jahre 1799 bis 1803, stellt aber, ebenso wie Kehlmann, gewisse Bezüge zur Familiengeschichte Humboldts her.
Allerdings folgt Gerwald im Aufbau durchweg dem traditionellen Schema des Abenteuerromans: Den Protagonisten gehört die uneingeschränkte Sympathie des Lesers, von außen auftauchende Störungen und Gefahren werden aufgrund der Entschlusskraft der Hauptfiguren bewältigt und das Expeditionsvorhaben wird einem guten Ende zugeführt. Eine kritische Befragung beispielsweise des Humboldt'schen Charakters wird dem Leser nicht zugemutet. Auch in der sprachlichen Gestaltung bleibt das Buch konventionell und an einem anderen Leserkreis interessiert als das Werk Kehlmanns.
Um nun die Unterschiede zwischen Gerwald und Kehlmann herauszuarbeiten, bietet sich wiederum ein Textvergleich in Form einer Synopsis an. Die gewählten Abschnitte beziehen sich beide jeweils auf entsprechende Vorgaben durch die Humboldt-Erinnerungen. Daraus erklärt sich auch die große inhaltliche Ähnlichkeit der beiden Ausschnitte.
Als Einstieg wird mit den Schülern gemeinsam das erste Kapitel des Gerwald-Romans gelesen (**siehe Arbeitsblatt 20**, S. 94ff.).

- *Lesen Sie das erste Kapitel des Romans „Der Entdecker" und beschreiben Sie auffallende inhaltliche und sprachliche Unterschiede zum Roman Kehlmanns.*

Die Ergebnisse sollten in einem Tafelbild gesammelt werden:

Gerwald und Kehlmann: Romananfänge im Vergleich
Der Romananfang in „Der Entdecker"

Inhaltliche Gestaltung:

- Humboldt und Bonpland pflegen ein inniges und vertrautes Verhältnis, geben sich teils albern und verspielt.
- Die Freundschaft der beiden wird nicht problematisiert, sondern vereinfacht.
- Der Abenteuercharakter der Reise steht im Vordergrund.
- Umwelteindrücke werden teils weitschweifig wiedergegeben.
- Techniken zur Spannungserzeugung werden eingesetzt.
- Das Geschehen wird durch die Nennung von Daten zeitlich genau verortet.

Sprachliche Gestaltung:

- Verwendung moderner Umgangssprache
- Einsatz von blumigen, teils abgegriffenen Sprachbildern
- Benutzung der wörtlichen Rede
- häufiger Rückgriff auf Fachbegriffe (Seesprache!)

Zur Vertiefung bietet sich wiederum eine Gruppenarbeit zu folgenden Episoden an (siehe **Arbeitsblatt 21**, S. 96ff.).

- Seuche an Bord
- Nachthöhle
- Flussfahrt
- Pater Zea
- Besteigung des Chimborazo

Die Ergebnisse werden der Klasse von den jeweiligen Gruppensprechern vorgestellt.
Bei sämtlichen Textstellen finden sich im Grunde die oben genannten Punkte wieder. Gerwald schreibt einen Unterhaltungsroman, der sich, wie Kehlmann, an den historischen Fakten orientiert. Dabei geht es ihm vor allem um spannende Schilderungen von Abenteuern. Kehlmann dagegen geht es um eine psychologische Analyse seiner Hauptfigur, die trotz aller Schrulligkeiten auch Wesenszüge des modernen Gegenwartsmenschen in sich trägt und gerade dadurch erhebliches Identifikationspotenzial freilegt.

Als Resümee eignet sich folgende Tafelskizze:

Ein Stoff – zwei Romane:
Die Erzähler Kehlmann und Gerwald im Vergleich

Historischer Stoff:
Humboldts Reiseberichte

Gerwald:
konventioneller Abenteuerroman
→ Identifikation über spannende Handlung

Kehlmann:
ironisierter historischer Roman
→ Identifikation über Psychologisierung der Hauptfigur

6.3 Erklärungen für das Bestseller-Phänomen

Als Abrundung dieses Bausteins wie auch der gesamten Unterrichtseinheit geht es im letzten Abschnitt um eine umfassende Beurteilung des Werkes. Die Schüler sollen sich Gedanken über mögliche Gründe für den Erfolg des Buches machen und ihre eigene, subjektive Leseerfahrung mit anderen Lesereinschätzungen vergleichen.

Zunächst soll der Autor selbst zu Wort kommen. Das mit Daniel Kehlmann zum Erfolg seines Romans geführte Interview in der Frankfurter Allgemeinen Zeitung (**Arbeitsblatt 22,** S. 100 ff.) soll in Einzelarbeit auf die Frage hin ausgewertet werden, welche Faktoren das Buch zu einem Bestseller machen.

- *Analysieren Sie das Interview mit Daniel Kehlmann. Welche Ursachen für den Erfolg des Buches werden genannt?*

Die Schüler erkennen bei diesem Arbeitsauftrag, dass die Ursachen für die große Resonanz auf das Buch im Wesentlichen in den Aspekten liegen dürften, die schon die bisherige Gestaltung der Unterrichtssequenz prägten: Dies betrifft das Aufgreifen aktueller gesellschaftlicher Probleme, wie beispielsweise das Altern oder die Patriotismusdebatte, ebenso wie das bewusste Besetzen naturwissenschaftlicher Themen, die dem Buch einen literarisch sonst

eher desinteressierten Leserkreis erschließen, sowie die zur persönlichen Auseinandersetzung reizenden Charakterisierungen von Gauß und Humboldt.
In einem nächsten Schritt sollen die Schüler nach Internetrezensionen suchen und diese unter inhaltlichen Gesichtspunkten auswerten. Hierzu dürfte vor allem eine Internetrecherche Erfolg versprechen. In großer Zahl finden sich Rezensionen beispielsweise bei den großen Internet-Buchhandlungen (www.buch.de, www.buecher.de, www.amazon.de etc.; Stand: 15.08.2006). Als Sozialformen bieten sich Partner- und Gruppenarbeit an. Bei der Bearbeitung sollte darauf geachtet werden, dass die Schüler zunächst noch keine eigenen Bewertungen einfließen lassen, sondern sich strikt auf die Auswertung der ausgewählten Besprechungen beschränken.

- *Suchen Sie im Internet nach Rezensionen und Besprechungen des Buches „Vermessung der Welt" und stellen Sie positive und negative Beurteilungspunkte in einer Übersicht zusammen.*

Die Ergebnisse werden anschließend der Klasse vorgestellt.

Alternativ kann die ausführliche Besprechung des Romans in der „Zeit" für eine systematische Auswertung herangezogen werden (siehe **Zusatzmaterial 4**, S. 112).

Als Abschluss sollen die Schüler selbst eine Besprechung des Buches verfassen, in der die subjektive Leseerfahrung zum Ausdruck kommen soll. Diese Aufgabe eignet sich auch als Hausaufgabe.

- *Erstellen Sie eine eigene Besprechung zur „Vermessung der Welt", in der Ihre eigenen Leseerfahrungen zum Ausdruck kommen. Achten Sie darauf, dass unter Ihrem Text noch ausreichend Platz für weitere Ergänzungen freigehalten wird.*

Die auf diese Weise entstandenen Rezensionen sind auf einem DIN-A4-Blatt oder auf einem vorgefertigten Arbeitsblatt (siehe **Arbeitsblatt 23**, S. 104) anzufertigen und können an einer Wand im Klassenzimmer, in einer sogenannten „Kritiker-Ecke", aufgehängt werden. Der auf den Textblättern freigehaltene Raum stellt eine Einladung an die Mitschüler dar, im Laufe einer festgesetzten Frist (die Arbeiten sollten mindestens eine Woche im Klassenzimmer ausgehängt bleiben) die Besprechungen wiederum zu kommentieren. Die Schüler stellen sich also wiederum der Kritik und den Anregungen durch andere Mitschüler. Wenn die Klasse das Angebot annimmt, können unter Umständen auf einzelnen Blättern regelrechte intellektuelle Diskurse über den gelesenen Roman entstehen. Nach Ablauf der vorher vereinbarten Frist sollte eine Nachbesprechung der Unterrichtssequenz auf der Grundlage der entstandenen Besprechungen erfolgen.

Aus der in diesem Baustein behandelten Gattungsfrage ergeben sich zusätzliche Anregungen für weiterführende Referatsthemen:

1. *Untersuchen Sie, ob es sich bei der „Vermessung der Welt" um einen Bildungsroman im klassischen Sinne handelt.*
2. *Wer liest denn so was? Der Markt für historische Romane in Deutschland.*

Vergleich Humboldt – Kehlmann

Vergleichen Sie mithilfe des erarbeiteten Kriterienkatalogs die Humboldt'sche Textvorlage[1] jeweils mit der Variante bei Kehlmann.

Die Sonnenfinsternis

Da astronomische Ortsbestimmung der Hauptzweck der Reise war, so war es mir von großem Belang, dass mir die Beobachtung einer Sonnenfinsternis nicht entging, die Ende Oktober eintreten sollte. Ich blieb daher lieber bis dahin in Cumaná, wo der Himmel meist schön und heiter ist. [...] war ich anderntags, am 28. Oktober um fünf Uhr morgens auf der Terrasse unseres Hauses, um mich zur Beobachtung der Sonnenfinsternis zu rüsten. Der Himmel war klar und rein. Die Sichel der Venus und das Sternbild des Schiffes, das durch die Nähe seiner gewaltigen Nebelflecke so stark hervortritt, verschwanden in den Strahlen der aufgehenden Sonne. [...] Ich konnte den Verlauf und der Ende der Sonnenfinsternis vollständig beobachten. [...] Das Ende der Finsternis war um 2 Uhr 14 Minuten 23,4 Sekunden mittlerer Zeit in Cumaná. Das Ergebnis meiner Beobachtung wurde nach den alten Tafeln von Ciccolini in Bologna und Triesnecker in Wien berechnet und in der „Connaissance des temps" veröffentlicht. Dieses Ergebnis wich um nicht weniger als 1 Minute 9 Sekunden Zeit von der Länge ab, die das Chronometer mir ergeben; dasselbe wurde aber von Oltmanns nach den neuen Mondtafeln von Delambre noch einmal berechnet, und jetzt stimmten Sonnenfinsternis und Chronometer bis auf 10 Sekunden überein.

(S. 443; 446–447; **Vergleich mit Kehlmann, S. 79f.**)

Der Drachenbaum

Obgleich wir den Drachenbaum in Herrn Franquis Garten aus Reiseberichten kannten, so setzte uns seine ungeheure Dicke dennoch in Erstaunen. Man behauptet, der Stamm dieses Baumes, der in mehreren sehr alten Urkunden erwähnt wird, weil er als Grenzmarke eines Feldes diente, sei schon im fünfzehnten Jahrhundert so ungeheuer dick gewesen wie jetzt. [...] Der Stamm teilt sich in viele Äste, die kronleuchterartig aufwärtsragen und an den Spitzen Blätterbüschel tragen, ähnlich der Yucca im Tale von Mexiko. Durch diese Teilung in Äste unterscheidet sich sein Habitus wesentlich von dem der Palmen. [...] Der in Herrn Franquis Garten trägt noch jedes Jahr Blüten und Früchte. Sein Anblick mahnt lebhaft an „die ewige Jugend der Natur" [hier zitiert Humboldt Aristoteles – Anm. d. Verf.], die eine unerschöpfliche Quelle von Bewegung und Leben ist.
[...] Auf welchem Wege ist der Baum nach Teneriffa verpflanzt worden, wo er gar nicht häufig vorkommt? Ist sein Dasein ein Beweis dafür, dass in sehr entlegener Zeit die Guanchen [Urbevölkerung der Kanarischen Inseln, Anm. d. Verf.] mit andern, etwa mit asiatischen Völkern in Verkehr gestanden haben?

(S. 125–129; **Vergleich mit Kehlmann, S. 47f.**)

Die Bienen

Während ich, auf dem Gestein sitzend, die Inklination der Magnetnadel beobachtete, sah ich, dass sich eine Menge haariger Bienen, etwas kleiner als die Honigbiene des nördlichen Europa, auf meine Hände gesetzt hatten. Diese Bienen nisten im Boden. Sie fliegen selten aus, und nach ihren trägen Bewegungen konnte man glauben, sie seien auf dem Berge starr vor Kälte. Man nennt sie hierzulange „Angelitos", Engelchen, weil sie nur sehr selten stechen. Sie gehören ohne Zweifel zur Gruppe der Meliponen in der Bienenfamilie. Trotz der Behauptungen mehrerer Reisender ist es nicht wahr, dass diese dem Neuen Kontinent eigentümlichen Bienen gar keine Angriffswaffe haben. Ihr Stachel ist nur schwächer und sie gebrauchen denselben seltener. Solange man von der Harmlosigkeit dieser Angelitos nicht vollkommen überzeugt ist, kann man sich einiger Besorgnis nicht erwehren. Ich gestehe, dass ich oft während astronomischer Berechnungen beinahe die Instrumente hätte fallen lassen, wenn ich spürte, dass mir Gesicht und Hände voll dieser haarigen Bienen saßen. Unsere Führer versicherten, sie setzen sich nur zur Wehr, wenn man sie durch Anfassen ihrer Beinchen reize. Ich fühlte mich nicht aufgelegt, den Versuch an mir selbst zu machen.

(S. 556–557; **Vergleich mit Kehlmann, S. 101f.**)

[1] Textauszüge aus: Humboldt, Alexander von: Reise in die Äquinoktialgegenden des Neuen Kontinents, herausgegeben v. Ottmar Ette, 2 Bde., Frankfurt a. Main 1991

Der Galvaniker

Wir fanden in Calabozo [...] eine elektrische Maschine mit großen Scheiben, Elektrophoren [Erzeuger von Elektrizität – Anm. d. Verf.], Batterien, Elektrometern, kurz einen Apparat, der fast so vollständig war wie die unserer Physiker in Europa. Und all dies war nicht in den Vereinigten Staaten gekauft, es war das Werk eines Mannes, der nie ein Instrument gesehen, der niemanden zu Rate ziehen konnte, der die elektrischen Erscheinungen nur aus der Schrift des „Sigaud de la Fond" [Französischer Experimentalphysiker; Anm. d. Verf.] und aus „Franklins [Amerikanischer Physiker – Anm. d. Verf.] Denkwürdigkeiten" kannte. Carlos del Pozo – so heißt der achtungswürdige, sinnreiche Mann – hatte zuerst aus großen Glasgefäßen, an denen er die Hälse abschnitt, elektrische Zylindermaschinen gebaut. Erst seit einigen Jahren hatte er sich aus Philadelphia zwei Glasplatten verschafft, um eine Scheibenmaschine bauen und somit bedeutendere elektrische Wirkungen hervorbringen zu können. Man kann sich vorstellen, mit welchen Schwierigkeiten Pozo zu kämpfen hatte, seit die ersten Schriften über Elektrizität ihm in die Hände gefallen waren und er den kühnen Entschluss fasste, alles, was er in den Büchern beschrieben fand, mit Kopf und Hand nachzumachen und herzustellen. [...] Unser Aufenthalt in Calabozo verschaffte ihm einen ganz neuen Genuss. Er musste natürlich Wert auf das Urteil zweier Reisenden legen, die seine Apparate mit den europäischen vergleichen konnten. Ich hatte verschiedene Elektrometer bei mir, mit Stroh, mit Korkkügelchen, mit Goldplättchen, auch eine kleine Leidner Flasche, die nach der Methode von Ingenhouß [Niederländischer Chemiker, Anm. d. Verf.] durch Reibung geladen wurde und mir zu physiologischen Versuchen diente. Pozo war außer sich vor Freude, als er zum erstenmal Instrumente sah, die er nicht selbst verfertigt und die den seinigen nachgemacht schienen. Wir zeigten ihm auch die Wirkungen des Kontaktes heterogener Metalle auf die Nerven des Frosches. Die Namen Galvani und Volta waren in diesen weiten Einöden noch nicht erklungen.

(S. 744–747; **Vergleich mit Kehlmann. S. 102f.**)

Das überfallene Mädchen

Gegen 4 Uhr abends fanden wir in der Savanne ein junges indianisches Mädchen. Sie lag auf dem Rücken, war ganz nackt und schien nicht über 12–13 Jahre alt. Sie war vor Ermüdung und Durst erschöpft, Augen, Nase, Mund voll Staub, der Atem röchelnd; sie konnte uns keine Antwort geben. Neben ihr lag ein umgeworfener Krug, halb voll Sand. Zum Glück hatten wir ein Maultier bei uns, das Wasser trug. Wir brachten das Mädchen zu sich, indem wir ihr das Gesicht wuschen und ihr einige Tropfen Wein einflößten. Sie war anfangs erschrocken über die vielen Leute um sie her, aber sie beruhigte sich nach und nach und sprach mit unseren Führern. Sie meinte, dem Stand der Sonne nach müsse sie mehrere Stunden betäubt dagelegen haben. Sie war nicht dazu zu bringen, eines unserer Lasttiere zu besteigen. Sie wollte nicht nach Uritucu zurück; sie hatte in einem Hofe in der Nähe gedient und war von ihrer Herrschaft verstoßen worden, weil sie infolge einer langen Krankheit nicht mehr so viel leisten konnte wie zuvor. Unsere Drohungen und Bitten fruchteten nichts; für Leiden unempfindlich, wie ihre ganze Rasse, in die Gegenwart versunken ohne Bangen vor künftiger Gefahr, beharrte sie auf ihrem Entschluss, in eine der indianischen Missionen um die Stadt Calabozo zu gehen. Wir schütteten den Sand aus ihrem Krug und füllten ihn mit Wasser. Noch ehe wir wieder zu Pferde waren, setzte sie ihren Weg in der Steppe fort. Bald entzog eine Staubwolke sie unseren Blicken.

(S. 755–756; **Vergleich mit Kehlmann, S. 104f.**)

Don Ignazio

Wir brachten die Nacht, wie immer, unter freiem Himmel zu, obgleich wir uns auf einer Pflanzung befanden, deren Besitzer die Tigerjagd trieb. Er war fast ganz nackt und schwärzlich braun wie ein „Zambo" [Mensch mit indianischen und schwarzen Vorfahren – Anm. d. Verf.], zählte sich aber nichtsdestoweniger zur weißen Kaste. Seine Frau und seine Tochter, die so nackt waren wie er, nannte er Dona Isabela und Dona Manuela. Obgleich er nie die Ufer des Apure verlassen hatte, nahm er den lebendigsten Anteil „an den Neuigkeiten aus Madrid, an den Kriegen, deren kein Ende abzusehen, und an all den Geschichten dort drüben" [...].
Wir nahmen an, hinter einem Bananengehölze läge die Hütte des Gehöftes; aber dieser Mann, der sich auf seinen Adel und seine Hautfarbe so viel einbildete, hatte sich nicht die Mühe gemacht, aus Palmblättern eine Ajoupa [Unterstand – Anm. d. Verf.] aus Blättern zu errichten. Er forderte uns auf, unsere Hängematten neben den seinigen zwischen zwei Bäumen befestigen zu lassen, und versicherte uns mit selbstgefälliger Miene, wenn wir in der Regenzeit den Fluss wieder heraufkämen, würden wir ihn unter Dach [...] finden. [...] Nach Mitternacht erhob sich ein furchtbarer Sturmwind, Blitze durchzuckten den Horizont, der Donner rollte und wir wurden bis auf die Haut durchnässt. [...] Während es auf unsere Hängematten und unsere Instrumente, die wir ausgeschifft, in Strömen

regnete, beglückwünschte uns Don Ignacio, dass wir nicht am Ufer geschlafen, sondern uns auf seinem Gute befänden [...]. Durchnässt wie wir waren, fiel es uns denn doch schwer, uns davon zu überzeugen, dass wir es hier so besonders gut hätten, und wir hörten ziemlich widerwillig zu, wie unser Gastgeber lang und breit von seinem sogenannten Kriegszuge an den Rio Meta erzählte, wie tapfer er sich in einem blutigen Gefechte mit den Guahibo-Indianern gehalten, und „welche Dienste er Gott und seinem König geleistet, indem er den Eltern die Kinder [...] genommen und in die Missionen verteilt.“ Welch seltsamen Eindruck macht es, in dieser weiten Einöde bei einem Mann, der von europäischer Abkunft zu sein glaubt und kein anderes Obdach kennt als den Schatten eines Baumes, alle eitle Anmaßung, alle ererbten Vorurteile, alle Verkehrtheiten einer alten Zivilisation anzutreffen!

(S. 786–788; **Vergleich mit Kehlmann, S. 108–110**)

Einleitungskapitel zu Gerwalds „Der Entdecker“

Die Sonne beginnt ihre Reise über den Hügeln der Kanaren, „die glücklichen Inseln“, wie sie genannt werden. Sie streicht mit kleinen, goldenen Fingern über die Wälder von Lorbeer und Heidekräutern, über die grünen Teppiche des Ginsters und der Erdbeersträucher. Hier tastet sie schon in das heiße Tal zu Füßen des Pic de Teide, den die Männer in der Nacht mit spuckenden Kienfackeln in den verbrannten Händen bestiegen haben; ihre Strahlen fahren über die stacheligen Kronen der Drachenblutbäume, die von den bizarren, bleichen Armen ihrer Äste in die schon flirrende Luft gestemmt werden; sie taucht die Dörfchen, Weinberge und Gärten an der Küste in ein Licht, so durchsichtig wie Glas. Im lärmenden Haufen von Santa Cruz, dieser schmutzigen, betriebsamen Karawanserei zwischen Indien und Amerika, erwachen in diesem Moment nicht nur die unersättlichen Schiffe und überladenen Boote mit ihrer ängstlich bewachten Fracht, sondern auch die Langschläfer unter den hungrigen und zerlumpten Kaiarbeitern, die rund um die inzwischen verlöschten Johannisfeuer im Freien schlafen. Es ist der 25.6.1799. Ein schöner Tag. Die beiden Männer, die mit nagelneuen Ledertaschen in den Händen am Kai entlang stolpern – einer schlenkert dazu eine verbeulte Botanikertrommel in der linken –, erregen sofort aller Aufmerksamkeit.

Auf ihren Köpfen sitzen schwarze Hüte mit großer Krempe. Von ihren gerüschten weißen Hemden abgesehen, ist auch ihre übrige Kleidung schwarz, bis hinunter zu den Stulpenstiefeln. Sie sehen ernst aus, sind nach den Anstrengungen der Nacht jedoch nur müde und haben es eilig. Dann aber lachen sie plötzlich und müssen ihr Gepäck absetzen, weil sie sich vor Übermut krümmen und sich gegenseitig in die Seite boxen. Der eine von ihnen, etwas kleiner und drahtiger als der andere, kräftigere, reckt sogar die ausgestreckten Arme zum tiefblauen Himmel und ruft etwas in einer fremden Sprache. Die einheimischen Hafenarbeiter mit den blonden Haaren und dem hellen Teint der Guanchen blicken aus blauen, wenn auch noch verkaterten Augen erstaunt zu dem seltsamen Paar hinüber. Spricht der braungebrannte Europäer mit den fein gezeichneten Gesichtszügen, dem fröhlichen Mund und dem krausen, braunen Haar etwa mit seinem Gott hinter der Sonne, die jetzt über den blendend weißen Häusern, offenen Holzhütten und unzähligen Denkmalen aus karrarischem Marmor aufgetaucht ist? Oder will er die wilden Kanarienvögel grüßen, die schon des Nachts im Krater des Teide aufstoben, als heiße Schwefeldämpfe Löcher in die Kleidung der Männer fraßen, und deren Schwarm nun für einen Moment den Himmel verdunkelt?

Nein, Aimé Bonpland, dem der weiße Hemdkragen über der kräftigen braunen Brust weit offen steht, hatte nur über die Navigationskünste seines Gefährten aus Berlin gewitzelt, die ihn bei allen Kapitänen unbeliebt machen. „Du kannst es besser als Sie, Alexander, deshalb lass sie abmustern, dann fahren wir allein um die Welt. Das ist doch viel gemütlicher.“

„Und du meinst, wir schaffen das – allein?“

Bonpland erwidert: „Du zweifelst doch wohl nicht daran, dass wir alles schaffen, wenn wir wollen – und wenn wir es zusammen tun.“

„Ich bin nicht jeden Tag mit dir zusammen, um die Welt zu erobern, Aimé“, sagt sein Gefährte verschmitzt.

„Sondern?“

„Weil ich die ständige Bewunderung und Anerkennung eines ergebenen Sklaven brauche.“

„He, he, he!“, protestiert Bonpland. „Preußischer Hochmut kommt vor dem Fall!“ Dann biegt er sich wieder vor Lachen.

Der andere blickt ihn spöttisch an. Er besitzt ein energisches Gesicht mit ausgeprägten Wangenknochen, sinnlich-weiche Lippen und eine gerade schmale Nase. Unter den anmutig geschwungenen Brauen blicken auseinanderstehende Augen; ungebändigte braune Locken fallen ihm beim Gehen in die hohe Stirn, und er besitzt Körperkraft, gepaart mit Anmut. Er kennt seinen stets heiteren Gefährten, dieses echte Kind der Vendée, in- und auswendig und bewundert dessen Optimismus und abenteuerlichen Tatendrang. Aber tief im Inneren ist ihm nicht wohl. Die Gefahren der bevorstehenden Reise werden alles Dagewesene übersteigen, und das weiß er.

Er fragt sich für einen Moment, warum er nicht das bequeme Leben eines reichen preußischen Diplomaten gewählt hat, das ihm vorbestimmt ist, oder endlich die glänzende Karriere anstrebt, die seine jüngst verstorbene, herrische und standesbewusste Mutter für ihn vorsah. Hat er das Recht, das Leben seines Freundes und Assistenten in den furchterregenden Tropen aufs Spiel zu setzen? Er schaut Bonpland in einem Anflug von Furcht an und verspürt das Bedürfnis, ihn zu umarmen, als wäre es das letzte Mal.

Noch weiß keiner der beiden Männer, was sie erwartet. Vielleicht wird ihre Freundschaft die Strapaze nicht überstehen. Können Sie überhaupt ernsthaft damit rechnen, lebend aus diesem Abenteuer zurückzukehren?

Ach was!, wehrt der Preuße die düsteren Gedanken

ab. Sind sie erst einmal auf der „Pizarro", erübrigen sich solche Fragen. Dann wartet nur noch die schweißtreibende Überfahrt auf sie. Das brüllende Meer, Woche für Woche. Dass er Nichtschwimmer ist und sich einer Nussschale anvertraut, ist dabei nicht einmal entscheidend. Das wahre Abenteuer beginnt erst jenseits der tosenden Wasser, an Land, auf der anderen Seite der Erdkugel. Er atmet tief durch und ergreift ebenso wie sein drei Jahre jüngerer, unbändiger Gefährte die vollgepackten Reisetaschen. Doch schon im nächsten Moment lässt er sie mit einem Ausruf des Erstaunens wieder fallen und bückt sich. „Du bist wie ein Kind, Alexander. Alles musst du aufsammeln, von allen Seiten betrachten und einstecken!"

„Ich weiß", erwiderte der Angesprochene ungerührt und lässt die besonders schöne Muschel in der Rocktasche verschwinden.

[...]

Die Brise kommt aus Nordosten. Die beiden Reisenden wissen, was das bedeutet.

„Der Weg nach Westen!"

„Es ist unser Wind!"

Der Wind bläst sie hinaus ins Unerforschte, an die Ränder der bekannten Welt. Und wo nie zuvor jemand war, dort wollen Sie hin.

Das Abenteuer kann beginnen.

Aus: Mattias Gerwald: Der Entdecker, Bergisch Gladbach 2001, S. 11–15

Z. 7: Pic de Teide = Vulkan auf Teneriffa
Z. 41: Guanchen = Volksstamm auf den Kanaren
Z. 48: karrarischer Marmor = Marmor aus der Gegend um die italienische Stadt Carrara
Z. 83: Vendée = Landschaft in Frankreich

■ *Lesen Sie das Erste Kapitel des Romans „Der Entdecker " und beschreiben Sie auffallende inhaltliche und sprachliche Unterschiede zum Roman Kehlmanns.*

Vergleich Gerwald – Kehlmann

Vergleichen Sie die folgenden Textpassagen aus „Der Entdecker“ von M. Gerwald nach Inhalt und sprachlicher Gestaltung mit den angegebenen Abschnitten des Romans von D. Kehlmann.

Seuche an Bord

Der Kranke lag auf seinem Strohlager und warf sich hin und her. Dumpfes Gemurmel von Landsleuten war um ihn herum.

„Lassen Sie mich nachsehen, Kapitän!“, erbot Bonpland sich sofort.

„Sind Sie Arzt, Señor?“ „Ja.“

Bonpland kniete neben dem verschwitzten Leib des Schwarzafrikaners nieder. Er hob die Lider seiner entzündeten Augen und sah nur das Weiße. Der Kranke murmelte im Delirium unverständliche Laute vor sich hin, sein Kopf flog hin und her und seine Glieder zitterten. Bonpland blickte zu Humboldt auf. Wenn er bisher nicht gewusst hätte, dass man sich in den Tropen befand, jetzt hätte er die Bestätigung bekommen. Beide wussten sofort, mit welcher Krankheit sie es zu tun hatten – das gelbe Fieber. Und sie bedrohte das ganze Schiff.

„Er muss an die frische Luft, sofort.“

Die ungehobelten, aber betroffen dreinblickenden Matrosen ergriffen den Kranken an Beinen und Armen und schafften den schreienden Mann nach oben, dessen schwerer Körper über die Treppe schleifte. Bonpland wühlte aus seiner Arzttasche Chinarinde hervor, die er auf allen seinen Reisen im Gepäck hatte, und verabreichte dem Bedauernswerten eine Dosis. Danach bettete man ihn auf die Rolle einer Schiffsleine. Dort lag er die ganze Nacht. Seine Schreie wurden allmählich leiser. Am Morgen ließ ihn ein phlegmatischer galizischer Wundarzt zur Ader. Danach schlief der Schwarze ein und schnarchte laut. Als die Sonne aufging, konnte er auf wackligen Beinen aufstehen.

„Das hätte schiefgehen können“, sagte Bonpland bei Tagesanbruch müde und erleichtert. „Aber wir müssen das ganze Schiff desinfizieren. Noch so ein Fall und die Epidemie ist da, dann schweben wir alle in Lebensgefahr. Bis wir in zwei Wochen – so Gott will – Amerika erreichen, können wir alle tot sein.“

Humboldt sagte: „Ich werde mit dem Kapitän sprechen. Er wird sicher schon die nötigen Anweisungen geben.“

(S. 32 bis 33; **Vergleich mit Kehlmann, S. 49f.**)

Nachthöhle

Je tiefer die Forscher in die Höhle eindrangen, desto heißer wurde es. Und die Urwaldvegetation hörte seltsamerweise auch in der Dunkelheit nicht auf. Aber jetzt zeigten sich neben dem üppigen Grün auch unterirdische Gewächse, die bleich und formlos wie Gespenster hervortraten. Offenbar handelte es sich bei diesem Ort auch um die Grabstätte wilder Tiere, denn überall sah man die Gerippe verendeter Bären, Hyänen und Jaguare.

[...]

Ganz unten angelangt, wo die Decke sich immer mehr senkte, öffnete sich ein See, in dem offensichtlich eine Quelle sprudelte. Auch hier flatterten kläglich schreiende Vögel über dem Wasser. Dann aber wurden die Männer plötzlich gewahr, dass sie allein waren. Die Indios waren zurückgelaufen, die Vögel verschwunden, das Geschrei verstummt. Ein mulmiges Gefühl beschlich Humboldt.

Plötzlich, ohne ersichtlichen Grund, erloschen ihre Fackeln aus Baumrinde Lind Harz, die sie beim Höhleneingang aufgegriffen hatten und deren beißender Rauch die Augen tränen ließ. Bonpland packte Humboldts Arm.

„Lass uns zurückgehen.“ Humboldt zögerte. „Warte! Hörst du das?“ Ein feines Klacken wie von Kastagnetten drang aus dem Höhlenhintergrund zu ihnen. Wie das Kreischen zuvor hörte es sich an, als käme es nicht von dieser Welt.

„Was ist *das?*“, flüsterte Bonpland. „Still!“ Beide starrten in die Finsternis. Dann war das Klacken über ihnen. Und jetzt begriffen sie. Jedes Klacken bedeutete ein Signal, mit dem die Vögel in der Dunkelheit – jetzt, da die Fackeln und Feuer verlöscht waren – ein Flugsignal ausschickten. Noch einmal flatterte ein Rudel dicht über die Köpfe der Forscher weg und verschwand dorthin, wo sich ein Schimmer Tageslicht zeigte. Sie ahnten mehr, als sie sahen, wie die Vögel hinausflogen, erst vereinzelt, dann in Schwärmen. Hunderte kreisten plötzlich über ihren Köpfen, als sammelten sie sich zum Angriff.

„Lass uns aus dieser verfluchten Höhle verschwinden“, drängte Bonpland noch einmal. Jetzt stimmte Humboldt zu.

Vor der Höhle war es inzwischen ruhiger geworden. Alle Vögel schienen mittlerweile erschlagen worden zu sein. Die braunen Gestalten saßen auf dem Boden und nahmen sie aus. Von einem hageren, übergroßen Mann, der auf einem Auge blind war und Spanisch sprach, erfuhren sie den Sinn des Spektakels.
„Es sind Guácharos. Nachtvögel, Señor. Sie kommen nur zweimal im Jahr aus der Höhle. Dann erschlagen wir sie, denn wir brauchen ihr Fett. Zweimal im Jahr ist Fetternte. Denn sehen Sie, Señores, das Bauchfell der Guácharos ist mit Fett durchwachsen, und eine Schicht läuft vom Unterleib zum Hinterteil und bildet zwischen den Beinen des Vogels eine Art Pfanne. Sehen Sie hier?" Er hielt einen der dunkelblauen, mit herzförmigen Flecken übersäten Vögel, der wie ein Geier aussah und Büschel steifer weißer Seide um den krummen Schnabel trug, an einem Bein hoch.
„Mit dem Fett werden alle Missionen in der Region versorgt. Schmeckt sehr gut und hilft gegen Krankheiten wie das Wechselfieber."
„Aber jetzt sind alle erschlagen. Bei der nächsten Jagd werdet ihr leer ausgehen."

(S. 110–113; **Vergleich mit Kehlmann, S. 72–75**)

Flussfahrt

Sie saßen allein im Boot. Die Indios und der Guaquerie trugen die Instrumente und das Gepäck am schmalen Band des Ufersandes entlang. Das Wasser schien ruhig. [...] Plötzlich kamen hinter Felsen heftige Stromschnellen in Sicht. Es sah aus, als würden die schäumenden Wellen geradewegs in den jetzt wolkenverhangenen Himmel emporspringen. Wo die Oberfläche eben noch trügerisch glatt gewesen war, löste sich nun alles in Schaum auf.
„Hier ist immer was los", entfuhr es Bonpland in komischer Verzweiflung. Humboldt wollte über die Bemerkung lachen, musste aber schnell handeln. Heftig begannen die beiden Forscher gegenzusteuern. Im Donnern der Wasser sah Humboldt aus den Augenwinkeln, wie die Indios am Uferdickicht aufgeregt die Arme schwenkten. Wortlos, mit einem einzigen Blick, verständigten sich die Freunde. Sie begannen nach Leibeskräften zu rudern. Doch die Wellen schlugen über das Boot, dass es sich allmählich mit Wasser füllte; um es wieder hinauszuschaufeln, blieb keine Zeit. Eine kräftige Böe von der Seite [...] war schließlich zu viel. Das Boot kenterte. Die Gefährten stürzten in die Flut, und mit ihnen die Bücher und gesammelten Studienobjekte. Humboldt geriet unter Wasser. Der Nichtschwimmer begann wild um sich zu schlagen. Die Wirbel waren so stark, dass er nicht mehr wusste, wo oben und unten war. Ein Felsen machte seiner Abdrift ein Ende. Humboldt schlug mit dem Kopf dagegen und verlor das Bewusstsein.
Bonpland tauchte aus dem schäumenden Wasser auf. „Humboldt!", rief er. „Humboldt!"
Siedendheiß fiel Aimé ein, dass Humboldt ihn auf der Überfahrt nach Cumaná einmal gefragt hatte, ob er schwimmen könne. Er hatte bejaht. Aber in diesem Moment wusste Aimé, dass der Gefährte selbst es nicht konnte. Er musste damals eine Situation wie diese vorhergesehen haben.
Triefend wie ein Hund, die Augen voll Wasser, blickte er sich um und sah zur Linken etwas Schwarzes. Bonpland erkannte, wie der Arm und das Bein eines Menschen emporgeschleudert wurden und gegen den Felsen klatschten; dann versank der Körper. Ein schwarzer Hut trieb im abwechselnd grünen, grauen und in Strudeln schneeweißen Wasser ab.
So schnell er konnte, schwamm Bonpland hinüber. Er packte das nun wieder oben schwimmende Bündel im Genick. Humboldt kam kurzfristig wieder zu sich, paddelte auf dem Rücken, wurde dann erneut bewusstlos, tauchte unter und lief Gefahr, dass ihm Wasser in die Lungen drang. Bonpland hielt den Gefährten gepackt und versuchte, beider Köpfe in den tosenden Strudeln oben zu halten. Auch er schluckte Wasser.
„Kannst du schwimmen?", rief Bonpland atemlos, hustend und spuckend. Der Gefährte schien zu sich zu kommen. Aimé nahm seinen Blick wahr. „Humboldt! Mein Gott! Kannst du schwimmen?" Der Gefährte blickte ihn verständnislos an. Bonpland ruderte vergeblich gegen die Strömung an und wurde gegen spitze Felsen geworfen. Allmählich verließen ihn die Kräfte „Mon cher, du musst dich an mir festhalten!" Ein schwaches Nicken. Bonpland schaffte es, Alexander auf seinen Rücken zu befördern. „Halt dich fest, und sei es in meinen Haaren!", rief Bonpland. Es wurde ein Kampf ums nackte Überleben.
Die Kleidung war schwer und vollgesogen, die Wasser eiskalt, die Gewalt des Flusses übermächtig. Doch Bonpland gab nicht auf. Es dauerte zehn Minuten, bis er das Ufer erreichte. Immer wieder geriet er in Strudel, die ihn zurückwarfen. Das schwere, leblose Bündel auf seinem Rücken hatte anscheinend nur das eine Ziel, ihn unter Wasser zu drücken. Aus den Augenwinkeln, während er glaubte, aufgeben zu müssen, nahm Bonpland engzeilig beschriebene Pergamente wahr, die zusammen mit aufgeschlagenen Büchern durch das Wasser schwammen.
‚Wir werden einen Teil der Aufzeichnungen und Objekte verlieren!', durchfuhr es Aimé, während er sich plagte, nicht unter die Wasseroberfläche gedrückt zu werden. ‚Unersetzbare Dinge gehen für immer verloren ...!' Dann konnte er wieder nicht mehr atmen. Panik und Todesangst überfielen ihn. Seine Schwimmbewegungen glichen immer mehr dem Umsichschlagen eines Ertrinkenden. Schließlich, schwer atmend

und erschöpft, konnte er sich an einer Baumwurzel festkrallen. Die Indios stürzten sich ins Wasser und zogen, aufgeregt schnatternd, die beiden Verunglückten heraus.
Bonpland brauchte lange Minuten, um wieder klar denken zu können. [..] Humboldt lag kalkweiß, mit verklebten Haaren und sandigem Bart neben ihm, atmete aber. „Unkraut vergeht nicht, mon cher – sagt ihr Preußen nicht so?"

(S. 262–265; **Vergleich mit Kehlmann, S. 112f.**)

Pater Zea

In Carichana mussten die Reisenden ihre Lancha gegen eine größere Piroge eintauschen, einen mit Axt und Feuer ausgehöhlten Baumstamm von dreizehn Metern Länge, aber nur einem Meter Breite. Der Missionar von Atures und Maypures bei den großen Katarakten, Pater Bernardo Zea, verkaufte sie ihnen billig. „Meine einzige Bedingung ist", sagte er, „dass Sie mich bis in mein Dorf mitnehmen."
„Wir haben keinen Platz für eine weitere Person und noch mehr Gepäck, Padre", wandte Bonpland bedauernd „Das macht nichts. Ich komme mit. Gepäck besitze ich nicht."
Pater Bernardo war krank. Den schweren, asthmatischen Mann plagten Atembeschwerden, ein Malariafieber in früheren Tagen hatte ihn nie mehr ganz losgelassen. Er erbot sich, die neue Besatzung zusammenzustellen, denn diese musste sich in den vor ihnen liegenden Labyrinthen von kleinen Kanälen, Katarakten und Wasserfällen zurechtfinden. „Das können nur meine Macos und Guahibos-Indios", erklärte der Pater. „Ich bin der Einzige, der sie besorgen kann."
Was die Forscher nun sahen, erzürnte sie. Der Pater ließ sechs Indios zusammentreiben. Man legte sie auf den Boden und steckte ihre Beine durch zwei Holzstücke mit Ausschnitten, um die man eine Kette mit Vorlegschloss legte.
„Ein Pranger! Ich glaube es nicht!", entfuhr es Bonpland. „Wie im finsteren Mittelalter."
„Hören Sie, Pater, muss das sein?" Humboldt sah unglücklich aus. „Gibt es keine andere Möglichkeit, die Leute zu gewinnen?"
Der Pater schüttelte den Kopf. „Keine." „Suchen Sie andere Indios. Solche, die freiwillig mitkommen."
„Die Katarakte gelten als unheimlich. Dort wohnen böse Geister. Kein einziger Indio fährt freiwillig dorthin. Diese Unglücklichen hier sind die Einzigen, die es können. Also müssen wir sie die Nacht über festhalten. Glauben Sie mir, Senores."
Bei Morgengrauen wurden die Reisenden durch Schmerzensschreie geweckt. Als sie auf den Platz hinausstürzten, sahen sie, wie der Pater einen der jungen Indios aus dem Pranger mit einem Seekuhriemen unbarmherzig auspeitschte. Humboldt fiel ihm in den Arm. „Hören Sie sofort auf! Unter solchen Umständen legen wir keinen Wert auf die Begleitung durch diese Indios – und auch nicht auf die Ihre!"
„Er will noch immer nicht mit", erwiderte der vom Schlagen erschöpfte Pater nur. „Sonst ist er sehr verständig. Aber er hat Angst. Und ohne ihn kann die Expedition nicht voran."
„Was ist mit den anderen?" „Sie haben sich inzwischen durchgerungen."
„Dann finden Sie für den da einen Ersatz! Oder verdoppeln Sie meinetwegen den Preis für die Arbeit! Aber hören Sie mit der unsinnigen Gewalt auf!"
Der Pater verhandelte mit dem Indio, der Zerepe hieß. Der schüttelte nur den Kopf.
„Sie sehen ja – er will nicht!" „Verzehnfachen Sie!"
Diesmal nickte Zerepe. Er wurde befreit und abgeführt. Um seine Striemen kümmerte sich eine alte Frau.
„Pater, Pater", sagte Humboldt missbilligend.
„So wird das nichts. Sie werden diese Menschen nicht mit Schlägen erziehen."
„Doch. Ob Sie es nun glauben oder nicht. Sie werden erleben, dass dieser Zerepe uns allen auf der Reise die besten Dienste leisten wird – und er wird sich keine Sekunde lang über die Schläge beschweren."
Humboldt brummelte etwas in sich hinein und ging ins Haus zurück, wo Bonpland ihn mit einem spöttischen „Guten Morgen, Monsieur Weltverbesserer!" begrüßte.
„Das ist nicht komisch, Aimé", sagte Humboldt schlecht gelaunt. „Ich ertrage so etwas nicht."
„Du hast ja Recht, mon ami. Aber die Missionare hier haben auch ihre Erfahrungen. Wir sollten ihnen vertrauen und ihre Erziehungsmethoden nicht von der Hand weisen."
Misstrauisch blickte Alexander den Gefährten an. „Bist du noch der, den ich in Paris über die bürgerlichen Tugenden und die Freiheit des Volkes reden hörte? Es kommt mir so vor, als würde die Hitze deine moralischen Grundsätze aufweichen."
„Durchaus nicht. Aber manchmal heiligt der Zweck die Mittel."

(S. 241–243; **Vergleich mit Kehlmann, S. 113f.**)

Chimborazo

Der Pfad wurde immer schmaler. Zur Linken war der Absturz mit Schnee bedeckt, dessen Oberfläche durch Frost wie verglast schien. Zur Rechten bot sich dem Blick ein tausend Fuß tiefer Abgrund, aus dem schneelose Felsmassen senkrecht hervorragten. Aimé, der jetzt voranging, hielt den Körper instinktiv mehr nach dieser Seite hin geneigt, denn ein Absturz zur Linken schien noch gefährlicher, weil sich dort keine Gelegenheit bieten würde, sich an vorstehenden Gesteinszacken festzuhalten. Die nachfolgenden Gefährten taten es ihm gleich.

Nach einer Stunde kräftezehrenden Steigens wurde der Felskamm weniger steil, doch der Nebel blieb so dick wie zuvor. Das Bergmassiv schien in die Höhe und Breite zu wachsen, je näher die Gefährten ihm kamen. Eine gewaltige, unbezwingbare Wand aus Granit, erstarrter Lava, Schnee und Eis türmte sich vor ihnen auf. Noch nie hatten die drei Männer sich so einsam gefühlt.

„Wir sind drei verdammte Punkte in einem riesigen, feindlichen Gemälde", keuchte Carlos. „Wer immer dieses Gemälde gemalt hat, er hat uns nur als kleine, unbedeutende Insekten darin vorgesehen!"

„Nur die Ruhe. Wir sind erst am Anfang!"

„Ja, leider!"

In Schnee und Eis wurde der Hang wieder sehr steil. „Ich gehe voraus und sichere mit dem Seil!", rief Alexander. „Haltet euch dicht hinter mir, wir müssen mit Steinschlag rechnen."

Sie mussten sich mit Händen und Füßen abstützen. Bald bluteten ihre Hände. Einmal stürzte Bonpland und schlug sich die Stirn auf. Alexander verarztete ihn. „Das Gestein ist hier so scharfkantig wie am Pic de Teide", meinte der Wundarzt. „Erinnerst du dich? Nahe am Krater des Pic waren unsere Hände aufgerissen von obsidianreichem Gestein."

„Ich erinnere mich nur ungern, denn ich hatte auch eine Wunde am Fuß, die sich durch feinen Staub von Bimsstein entzündete. Es war eine Qual."

Die drei Männer gingen weiter und blieben dich hintereinander. Da sie bei jedem Schritt prüfen mussten, ob die Stelle sicher war, kamen sie nur im Schneckentempo voran. Nach zwei Stunden wurde der Aufstieg mühseliger und sie passierten eine seltsame Formation. Inmitten des Eises fand sich auf einer hufeisenförmigen Anhöhe, die von schwarzer Asche bedeckt war, eine trichterförmige Senke, die 300 Meter abfiel. In ihrem Inneren stand ein kleiner runder Hügel, dessen Höhe den umgebenden Rand nicht erreichte. Rauch stieg auf wie aus einer Waschküche.

[...]

Die letzten Meter waren eisfrei, doch die Stiefel der Bergsteiger fanden kaum Halt. Immer wieder rutschten sie aus, und es ging ein paar Meter abwärts. Nirgends bot ein Fels Halt. Während sie rutschten, wirbelten sie Staubfontänen empor, die in der dünnen Luft meterhoch aufstiegen.

Der schmale Grat führte ständig in die Höhe, war jedoch nur hundert Meter weit mit Blicken zu verfolgen, dann verlor er sich im Dunst. Als die Nebel sich für einen Moment verzogen, konnten die Bergsteiger bis tief ins Tal hinunterblicken. Zu ihren Füßen zogen weiße Wolken über Quito dahin. Geradeaus blickten sie über das mächtige Relief von Berggipfeln und Wolkenformationen. Die unterschiedlich gefärbten Kuppen standen majestätisch da, die Wolkengipfel umspielten sie verführerisch. Und über den Köpfen der Gefährten war nichts als tiefblauer, wie gefrorener Himmel. Darin standen ein blasser Mond und eine weißglühende Sonne.

Schnell zog der Dunst sich wieder zu. Alexander bemerkte, welch unterschiedliche Formen der Nebel annehmen konnte. In einer Talsenke strich er wie ein Seidenschleier dahin, in der dahinterliegenden quoll er dick wie ein beweglicher Gletscher empor und wälzte sich ins nächste Tal, in dem er mit langen weißen Spinnenfingern über die Hänge tastete. „All dies war einst Inkaland", musste Alexander denken. „Sie haben die gleichen Nebel gesehen wie ich in diesem Moment. Aber sie sahen sie anders. Für sie hatte alles eine besondere religiöse Bedeutung. Für uns Europäer ist es bloß Natur."

(S. 351–353; **Vergleich mit Kehlmann, S. 170–172**)

Interview mit Daniel Kehlmann

„Ich wollte schreiben wie ein verrückt gewordener Historiker"

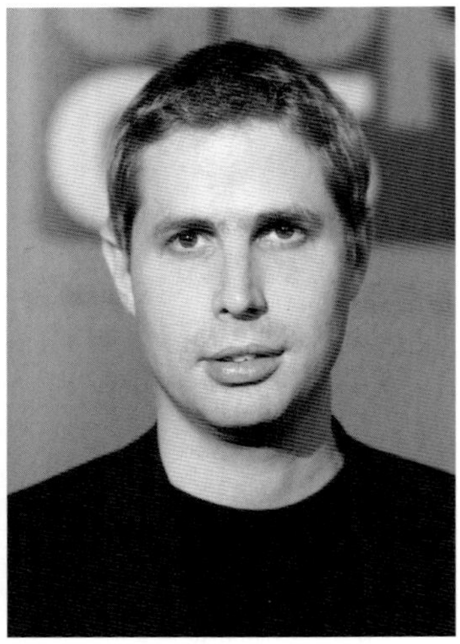

09. Februar 2006. Mit seinem Roman „Die Vermessung der Welt" ist Daniel Kehlmann einer der größten Bucherfolge der deutschen Literatur der letzten Jahrzehnte gelungen: Das jüngste Werk des Einunddreißigjährigen wurde in mehr als vierhunderttausend Exemplaren verkauft und soll bislang in mehr als zwanzig Sprachen übersetzt werden. Im Gespräch äußert sich Kehlmann über die Absichten, die er beim Schreiben verfolgte, über den für ihn rätselhaften Erfolg und die geheimen Hauptthemen des Buches: die Deutschen und das Alter.

Wie sind Sie auf die Idee gekommen, einen Roman ausgerechnet über Alexander von Humboldt und Carl Friedrich Gauß zu schreiben? Und wer war zuerst da, Humboldt oder Gauß?
Gauß war mir seit Schultagen präsent, hauptsächlich in Anekdoten, auf die ich im Buch zum Teil anspiele. Jahre später ist er mir wiederbegegnet in einem – übrigens nie ins Deutsche übersetzten – Buch von Leonard Mlodinow, „Euclid's Window", über die Geschichte der Geometrie.

Und wie kam Humboldt dazu?
Mit Humboldt war es ganz anders. Ich habe vor einigen Jahren begonnen, mich intensiv mit südamerikanischer Literatur zu beschäftigen, und war dank eines Stipendiums zwei Monate in Mexiko City. Im Zuge meiner Beschäftigung mit dem Land habe ich Humboldt entdeckt, der dort sehr präsent ist. Ich habe in ihm dann, bei aller Größe, sehr schnell eine komische Figur gesehen und war ganz überrascht, daß nie jemandem aufgefallen ist, wie sehr Humboldts Reisewerk von speziell deutschen, sehr komischen Situationen und Mißverständnissen strotzt.

Zum Beispiel?
Allein die Uniform, die er immer wieder anlegt, oder wenn er bei der Überfahrt neben dem spanischen Kapitän steht und diesen beim Navigieren korrigiert, oder wenn er Indianerleichen ausgräbt und überhaupt nicht versteht, warum er es von da an schwer hat, einen Führer zu finden. Diese ungewollte Komik ist aber keineswegs die Komik eines Kauzes. Es geht darum, daß solche Begebenheiten sehr viel darüber aussagen, was es heißt, deutsch zu sein. Wir haben es hier zu tun mit einem Weimarer Klassiker, der das ganz andere der Weimarer Klassik vertreten hat, der einzige Weimarer Klassiker, der wirklich ausgesandt wurde, die Weimarer Klassik hinauszutragen, und der mit diesem Weltbild Macondo bereist hat. Ich war zudem sehr beeindruckt von der südamerikanischen Literatur, und hatte gleichzeitig das Gefühl, daß mir als deutschem Autor vieles von dem, was diese Autoren an emotionalen und künstlerischen Möglichkeiten haben, nicht zu Gebote steht. Ich kann nicht wie García Márquez eine schöne Frau beim Wäscheaufhängen davonfliegen lassen.

Das würden aber sicher viele gerne von Ihnen lesen.
Man merkt dann doch, daß man aus einer anderen Kultur kommt, daß einem zwar die Möglichkeit gegeben ist, mit diesen Dingen zu spielen, aber auf andere Art. Und da hatte ich plötzlich das Gefühl, Humboldt ist mein Schlüssel, denn er hat diese Welt betreten, aber er hat sie als Deutscher betreten. Das ist etwas, was ich erzählen kann, womit ich künstlerisch etwas anfangen kann, weil da beide Seiten etwas mit mir zu tun haben. Dann habe ich immer mehr über Humboldt gelesen und zufällig herausgefunden, daß Gauß 1828 bei einem Wissenschaftlerkongreß in Berlin bei Humboldt gewohnt hat. Und plötzlich sah ich diese Szene: die beiden alten Männer, der eine, der überall war, der andere, der nirgends war; der eine, der immer Deutschland mit sich getragen hat, der andere, der wirkliche geistige Freiheit verkörpert, ohne je irgendwohin gegangen zu sein. Das war der Keim für den Roman.

Ist „Die Vermessung der Welt" also ein Roman über unseren Nationalcharakter, darüber, was es heißt, deutsch zu sein?
Ja, das habe ich ganz stark so empfunden. Eine satirische, spielerische Auseinandersetzung mit dem, was es heißt, deutsch zu sein – auch natürlich mit dem, was man, ganz unironisch, die große deutsche Kultur nennen kann. Für mich ist das eines der Hauptthemen des Romans, wie Andreas Maier so schön im Booklet des Hörbuchs geschrieben hat, „die große deutsche Geistesgeschichte, eine einzige Lebensuntauglichkeit". In der breiten Rezeption ist dieses Thema dann merkwürdigerweise vernachlässigt worden.

Da wurde der Roman als ein Buch über Wissenschaft und vor allem über zwei schrullige Leute verstanden. Daß in dieser Schrulligkeit aber viel an satirischer Ideologiekritik steckt, ist in der deutschen Rezeption völlig in den Hintergrund getreten. Aber vielleicht hat das ja auch eine gewisse Logik.

Ich habe „Die Vermessung der Welt" vor allem als Roman über das Altern gelesen.

Ja, das ist er auch. Das ist die andere Sache, bei der ich mich gewundert habe, daß sie so wenig beachtet wurde.

Sie sind gerade einunddreißig geworden. Was hat Sie dazu bewogen, sich mit der Frage des Alterns auseinanderzusetzen?

Mich hat das Thema des Alterns immer fasziniert. Schon mein letzter Roman, „Ich und Kaminski", beschreibt ein Duell zwischen Alter und Jugend, das das Alter gewinnt. Ein Thema, das sich beim Schreiben der „Vermessung" sehr klar hergestellt hat, ist die Tatsache, daß alle Menschen über die Jahre hinweg ihren Eltern immer ähnlicher werden, ob sie wollen oder nicht – und normalerweise wollen sie ja überhaupt nicht. In diese Richtung spielt übrigens auch das letzte Kapitel mit Gauß' Sohn Eugen. In dem Moment, wo er selbständig wird, beginnt er plötzlich, sich zu entfalten wie sein Vater, ohne es zu bemerken. Das Altern ist insofern tatsächlich das zweite Hauptthema des Buches, und damit verbunden der traurige Umstand, daß man, wenn man lange genug da ist, sich selbst überlebt, sich selbst historisch wird. Es gibt den schönen lateinischen Spruch als Aufschrift auf Sonnenuhren „omnia vulnerant, ultima necat": Jede verwundet, die letzte bricht. Gemeint sind die Stunden. Ich finde, der große existentielle Skandal ist nicht, daß wir sterben, sondern daß wir alt werden müssen.

Warum beschäftigt Sie das?

Ich hatte immer eine starke Einfühlung in alte Menschen, und ich empfinde stets eine große Traurigkeit dabei, mit alten Menschen zu tun zu haben und zu merken, daß die es eigentlich auch noch nicht gewöhnt sind, alt zu sein, daß sie sich eingesperrt fühlen in dieser Situation.

Wer steht Ihnen näher, Gauß oder Humboldt?

Humboldt reagiert in gewissen Momenten emotional geschickter, als man erwarten würde, etwa wenn Bonpland ihm gesteht, daß er Lust gehabt hätte, ihn von einer Brücke zu stürzen, und Humboldt entscheidet, daß das der Moment ist, etwas nicht gehört zu haben. Auch das ist Weimarer Klassik: Entscheidung zur Freundschaft, zur Menschenliebe und zum Humanismus, nicht als tiefes Gefühl, sondern als Entscheidung. Das hat Komik, aber es hat auch eine ungeheure Größe.

Also ist Ihnen Humboldt lieber?

Ich habe mir selbst beim Schreiben diese Frage gar nicht gestellt. Nach meinem Verständnis dessen, was ein Roman tun soll, müßten die beiden Positionen und Charaktere einander ohne eine Entscheidung des Autors gegenüberstehen, weil ich es immer am interessantesten finde, wenn einander widersprechende Positionen so verständlich und nachvollziehbar wie möglich werden. Ich habe mich also bemüht, diese Entscheidung nicht zu treffen. Menschlich fühle ich mich Gauß näher, naturgemäß, denn als Schriftsteller ist man ja doch eher der, der zuhause sitzt, und nicht der, der überall hingeht. Humboldt trägt als Figur die Komik und die satirische Seite des Buches viel mehr. Deswegen schildere ich ihn auch viel stärker aus der Außenperspektive. Gauß hingegen ist Träger der emotionalen Handlung, der Innerlichkeit, auch begreift er besser, was es heißt, alt zu sein. Und weil Humboldt das nicht versteht und dadurch am Schluß zu einer tragischen Figur wird, wendet sich am Ende die Sympathie wieder Humboldt zu. Ich stehe also Gauß etwas näher, aber Humboldt ist der bessere Mensch von den beiden.

Mehr als vierhunderttausend verkaufte Bücher allein im deutschsprachigen Raum, Übersetzungen in mehr als zwanzig Sprachen – haben Sie eine Erklärung für den großen Erfolg der „Vermessung der Welt"?

Halb im Scherz könnte ich sagen, „Ich und Kaminski" war eine recht aggressive Satire über die Medienwelt und den Journalismus, und ich habe festgestellt, daß Journalisten und Medienleute das Buch geliebt haben. „Die Vermessung der Welt" ist eine recht aggressive Satire über das Deutschsein, und ich stelle fest, daß ganz Deutschland es liebt. Es scheint wirklich sehr schwer zu sein, sich unbeliebt zu machen. Aber im Ernst: Ich habe überhaupt keine Erklärung für diesen Erfolg des Buches, ich stehe erstaunt und fassungslos vor diesem Phänomen.

Hans Magnus Enzensberger sieht eine besondere Stärke Ihres Romans darin, daß der Leser Einblikke in eine ihm fremde Welt erhält, daß er sich endlich einmal nicht in einem deutschen Gegenwartsroman wiedererkennen muß. Es wäre bei Gauß und Humboldt ja auch vermessen, sich mit ihnen zu identifizieren.

Ja und nein. Natürlich erkennt man sich nicht in ihrer mathematischen Begabung wieder. Aber in Humboldt als einer Figur, die sehr stark reflektiert, was es heißt, im Ausland Deutscher zu sein, könnte sich eigentlich jeder wiederfinden.

Welche Erfahrungen machen Sie bei den Lesungen, wo Sie mit vielen Lesern in Kontakt kommen?

Bei den Lesungen bemerke ich tatsächlich einige Dinge, die zur Erklärung des Erfolgs beitragen könnten. Erstens: Der Roman wird von sehr vielen Leuten gelesen, die sich sonst überhaupt nicht für deutsche Gegenwartsliteratur interessieren. Aber es wird auch nicht von Menschen gelesen, die sonst Dan Brown oder Tom Clancy kaufen. Diese Leser erreiche ich nicht. Mir scheint, beim Gros der Leser handelt es sich eher um Leute, die sich sonst nicht für Neuerscheinungen interessieren. Also nicht um Menschen, die nicht lesen, sondern im Grunde um die klassischen Taschenbuchkäufer, die ihre eigenen Interessen haben und nicht nach Neuerscheinungen oder Moden Ausschau halten. Oft sagen Leute zu mir: Ich war noch nie bei einer Lesung, ich habe mir noch nie ein Buch signieren lassen. Das sind aber nicht Menschen, die der Literatur fremd gegenüberstehen, sondern lediglich dieser uns so nahe stehenden Welt der Neuerscheinungen, der Leseveranstaltungen. Zu denen ist das Buch durchgedrungen, wohl vor allem durch Mundpropaganda.

Und die andere Erklärung?

Außerdem erlebe ich, daß der Roman ganz erstaunlichen Anklang findet bei der Gruppe derer, die ein naturwissenschaftliches Studium absolviert haben, auch bei Ingenieuren, Vermessungstechnikern. Die haben offenbar das Gefühl, daß hier ihre Welt endlich einmal betrachtet und eingefangen wurde.

Nun ruht der Buchmarkt ja eher in weiblichen Händen, weil Frauen bekanntlich mehr Bücher kaufen und lesen, zumal Belletristik. Ihre Erfahrungen allerdings lassen darauf schließen, daß Ihr Buch mehr Männer anspricht, als dies bei Romanen gewöhnlich der Fall ist.

Ja, das ist so. Darüber habe ich mit Buchhändlern gesprochen. Auch bei meinem Roman besteht der Großteil der Käufer aus Frauen; wenn Frauen die „Vermessung" überhaupt nicht lesen wollten, fände ich das erschreckend. Aber der Männeranteil ist tatsächlich größer, weil Wissenschaft ein männliches Thema ist. Und es geht ja auch um Abenteuer, um Reisen, um das Bergsteigen, und ein bißchen ist das wohl ein Thema für große Jungs.

Obwohl es viele sehr komische Dialogszenen gibt, vermeiden Sie jegliche wörtliche Rede. Was hat es mit der ausschließlichen Verwendung der indirekten Rede auf sich?

Ohne die Idee der indirekten Rede hätte ich das Buch nicht schreiben können. Wenn man zum ersten Mal darüber nachdenkt, einen historischen Roman zu schreiben, ist man zunächst eingeschüchtert von all den Trivial-Fallen, die da lauern. Deshalb verwende ich auch den Begriff historischer Roman normalerweise nicht, sondern nenne es einen Gegenwartsroman, der in der Vergangenheit spielt. Ich denke, dieser Trivialitätspunkt, wo es sehr leicht ins Zurechtgemachte, Unglaubhafte und irgendwie Problematische kippt, ist die direkte Rede: „Hah', sagte Napoleon, ‚wir greifen im Morgengrauen an.'" Sofort hat man ein ungutes Gefühl. Hinzu kommt, daß ich mich nicht als traditionellen Erzähler sehe. Ich habe versucht, in jedem Roman etwas auszuprobieren, was ich als Experiment empfinde. So gab es in meinem ersten Roman, „Beerholms Vorstellung", einen Ich-Erzähler, der stirbt, und in „Ich und Kaminski" einen höchst unsympathischen Ich-Erzähler, der jede Identifikationsmöglichkeit zurückweist.

Und in „Die Vermessung der Welt"?

Auch darin sehe ich einen experimentellen Roman. Ich habe mich nämlich gefragt: Wie kann man einen in der Vergangenheit spielenden Roman, in dem Musketen abgefeuert werden, auf der künstlerischen Höhe der Zeit schreiben? Und dann habe ich mich gefragt: Wie machen Historiker das? Wieso wirken historische Romane trivial, aber wieso wirkt nicht trivial, was etwa Eric Hobsbawm schreibt? Es liegt daran, daß die erzählerische Distanz eine andere ist. Ein Fachhistoriker geht nicht zu nah ran an die Figuren, an das, was er berichtet, und – und das ist der entscheidende Punkt – er würde nicht behaupten zu wissen, was wörtlich gesagt wurde. Er würde keine wörtliche Rede verwenden, es sei denn, er hat Dokumente und Briefe, aus denen er zitiert. Ansonsten würde er berichten, was inhaltlich ungefähr so gesagt worden sein müßte, sein könnte. Er würde also die indirekte Rede verwenden. Und da dachte ich, das Experiment müsste eben darin liegen, ein Buch zu schreiben, das beginnt wie ein Sachbuch. Deshalb gibt es auch in der ersten Zeile des Romans eine Jahreszahl – und dann nie wieder. Es beginnt zwar wie ein historisches Sachbuch, bis es dann plötzlich kippt, weil natürlich Dinge berichtet werden, die überhaupt nicht mehr sachbuchhaft, sondern romanhaft und frei erfunden sind. Es sollte so klingen, wie ein seriöser Historiker es schreiben würde, wenn er plötzlich verrückt geworden wäre.

Haben Sie sich beim Schreiben amüsiert? Es heißt ja immer, Komik sei sehr anstrengend.

Für mein Verständnis vom Schreiben empfinde ich es als ganz wichtig, daß man, wenn möglich, alle Facetten der eigenen Persönlichkeit einbringen sollte. Das gelingt immer nur unvollständig, aber je vollständiger es gelingt, desto besser. Es gibt einen wunderbaren Satz in Salingers letzter veröffentlichter Erzählung. Da heißt es: „When you write, see to it that all your stars are out." Also ungefähr: Wenn du schreibst, achte darauf, daß alle deine Sterne aufgegangen sind. Diesen Satz finde ich ungeheuer überzeugend. Ich hatte vorher immer das Gefühl, ich sei jemand, der Humor sehr schätzt, der selbst gerne lacht, aber ich schreibe so ernste Bücher, irgendetwas stimmt da nicht. Und diese Facette meiner selbst in einen Roman hineinzubringen, war sehr harte Arbeit.

Die Bestsellerlisten gelten indes nicht unbedingt als Geschmacksbarometer des Bildungsbürgertums. Glauben Sie an die Intelligenz der Leserschaft, an ihre Bildung?

Ja. Es ist einer der radikalen Grundirrtümer der Medienwelt unserer Tage, daß es für Dinge mit Niveau und Anspruch kein Publikum gäbe. Das ist ein Aberglauben der Medien- und Verlagsleute. Am schlimmsten ist es beim Fernsehen. Es gibt eine Menge niveauvoller Bücher, die ein großes Publikum finden – man muß sich nur die Taschenbuchauflagen der Klassiker ansehen, die immer noch alle für breites Publikum geschriebenen Neuerscheinungen spielend in den Schatten stellen.

Woran liegt Ihrer Meinung nach der Erfolg Ihrer Bücher im Ausland, wo man ja gemeinhin nicht eben erpicht ist auf deutsche Gegenwartsliteratur?

Ich war selbst immer sehr skeptisch, was deutsche Gegenwartsliteratur angeht. Es gibt natürlich Bücher, die ich sehr schätze, und Autoren, die ich sehr bewundere, aber grundsätzlich habe ich die deutsche Nachkriegsliteratur immer stark empfunden als eine Ausblendung der Strömungen, die mich am meisten faszinieren und die mich am stärksten geprägt haben. Und ich finde es zum Beispiel auch sehr bezeichnend, daß jemand wie Günter Grass in Deutschland sehr stark als traditioneller Erzähler wahrgenommen wird, während er in Amerika stärker wahrgenommen wird als ein großer Postmoderner neben Autoren wie etwa Salman Rushdie, mit dem er meines Erachtens mehr gemeinsam hat als etwa mit Heinrich Böll, mit dem er in Deutschland immer zusammen genannt wurde. Für mich blendet die deutsche Gegenwartsliteratur viel von jenem Spielerischen und jener Leichtigkeit aus, die für mich unbedingt zur literarischen Moderne gehören. Sie reduziert auf die Alternative traditionelles Erzählen auf der einen Seite und spätdadaistisches Sprachspiel auf der anderen. Nehmen Sie den Roman, der mich am meisten geprägt hat, Nabokovs „Fahles Feuer". Als ich mir vor einigen Jahren die deutsche Ausgabe kaufte, gab es noch kein Taschenbuch und man bekam es noch in der Erstauflage von achttausend Exemplaren von 1968. Das Buch wurde also in Deutschland seit dem Jahr 1968 nicht einmal von achttausend Leuten gekauft.

Sie haben einmal gesagt, „das zunehmende Chaos im Menschenleben sei das geheime Thema" Ihres Schreibens, ja Ihres Lebens. Was hat es damit auf sich?

Im Grunde das, worüber wir vorhin geredet haben: das Alter. Das Alter ist das zunehmende Chaos im Leben. Man sammelt mehr Dinge an, mehr Beziehungen, mehr offene Rechnungen – es wird alles immer komplizierter, und es wird alles immer schwerer zu vereinfachen, und es braucht dazu immer größere Gewaltakte. Der Satz von der Entropie sagt ja, daß immer und überall in der Welt das Chaos ständig steigt, und wenn man an einer Stelle Ordnung schafft, kostet es einen woanders umso mehr Energie. Das ist in jedem einzelnen Leben so, und auch jeder Schreibtisch wird von selbst immer nur unordentlicher, und man denkt sich, warum wird er nicht mal von selbst ordentlicher? Wegen der Entropie. Er kann letztendlich nur unordentlicher werden.

- *Analysieren Sie das Interview mit Daniel Kehlmann. Welche Ursachen für den Erfolg des Buches werden genannt?*

Bewertung des Romans

Name:

Mein Urteil zum Buch „Vermessung der Welt“ von Daniel Kehlmann:

☺

☺

Hier ist Platz für Eure Stellungnahmen zu meiner Besprechung:

Name:

Name:

Name:

Historische Zeittafel zum Leben Humboldts und Gauß'

Die folgende synoptische Übersicht enthält eine Auswahl wichtiger historischer Tatsachen, auf die im Roman Bezug genommen wird. Daraus wird ersichtlich, dass Kehlmann in seinem Roman in der Chronologie nicht immer korrekt vorgeht, sondern die Daten und Ereignisse den literarischen Erfordernissen anpasst.

Politische Ereignisse	Leben Humboldts	Leben Gauß'
	1769 Geburt in Berlin als zweiter Sohn derer von Humboldt; Kindheit auf Schloss Tegel	
		1777 Geburt in Braunschweig; einziger Sohn einfacher Leute
	1779 Tod des Vaters	
		1784–1795 Schulzeit
1789 Französische Revolution	1787–1791 naturwissenschaftliches Studium, u.a. in Göttingen	
	1790 Englandreise mit Georg Forster (ehemaliger Begleiter James Cooks)	
1792 Beginn der Revolutionskriege	1791–1796 Karriere im preußischen Bergmannsdienst	1791 Gewährung eines Stipendiums durch Herzog Carl Wilhelm
	1794 Begegnung mit Goethe	
	1796 Tod der Mutter	1795–1798 Studium der Mathematik in Braunschweig
	1796–1799 Vorbereitung der Expedition nach Amerika	1796 Entdeckung des 17-seitigen Dreiecks
	1798 Aufeinandertreffen mit Bonpland	
1799 Staatsstreich Napoleons	1799–1804 Forschungsreise auf dem amerikanischen Kontinent • 1799 Anlandung auf Teneriffa • 1799 Typhus an Bord zwingt zum Ausstieg in Venezuela (statt auf Kuba)	1799 Promotion 1799–1800 erste Beschäftigung mit Fragen der Trigonometrie
	• 1800 Erforschung des Orinoko • 1802 Besteigung des Chimborazo, Erforschung der Inka-Ruinen bei Cajamarca 1803–1804 Aufenthalt in Mexiko (Neuspanien) • 1804 Begegnung mit Thomas Jefferson in Philadelphia	1801 Veröffentlichung der „Disquisitiones Arithmeticae", Bahnberechnung des Asteroiden Ceres 1802 Gauß lehnt Ruf nach St. Petersburg ab
1804 Kaiserkrönung Napoleons		
	1805–1827 Publikation der wissenschaftlichen Resultate, vorrangig in Paris	1805 Heirat mit Johanna

Politische Ereignisse	Leben Humboldts	Leben Gauß'
1806 Auflösung des Heiligen Römischen Reichs Deutscher Nation	1806 Bruder Wilhelm beginnt preußische Bildungsreform	
		1807–1855 Professor in Göttingen sowie Leiter der dortigen Sternwarte
		1809 Tod Johannas
1814/15 endgültige Niederlage Napoleons, Wiener Kongress, Gründung des Deutschen Bundes		1810 Heirat mit Minna
1817 Wartburgfest		
1820 Festlegung auf restaurative Politik in der Wiener Bundesakte		1820–1825 Leitung der offiziellen Vermessung des Königreichs Hannover
	1826 Aufenthalt Humboldts in Göttingen	
	1827–1859 endgültige Rückkehr nach Berlin; wissenschaftliche Arbeit als königlicher Kammerherr der preußischen Krone	
	1828 Versammlung der deutschen Naturforscher und Ärzte in Berlin	1828 Versammlung der deutschen Naturforscher und Ärzte in Berlin
	1929 Russlandexpedition	
		1830 Eugens Auswanderung nach Amerika
1830/31 Juli-Revolution in Frankreich, Unruhen in Europa		1831 Tod Minnas
		1833 Entdeckung der elektromagnetischen Telegraphie
	1837 Humboldt besucht Gauß in Göttingen	1839 Veröffentlichung zum Erdmagnetismus
1848/49 Märzrevolution, Frankfurter Nationalversammlung		
		1851 Erstellung eines Gutachtens zu einer Witwen-Versorgungskasse
	1859 Tod in Berlin	1855 Tod in Göttingen

(Für ausführlichere Informationen siehe die auf S. 17 genannten Internet-Adressen)

Die Patriotismus-Debatte

Teilarbeitsblatt 1: Ausgangstext für die Debatte

Michael Eder: Echte Patrioten

Darf man das schreiben? Oder wird einem dann die Staatsbürgerschaft entzogen? Darf man schreiben, dass einem unser neuer Fußball-Nationalstolz unheimlich auf die Nerven geht, und das nicht nur, weil er von einem in Kalifornien ansässigen Schwaben ausgerufen wurde (und wir Badener sind)?
Ohne uns als zwölftem Mann gehe es nicht, heißt es, das ist verständlich bei dieser Abwehr, aber müssen wir uns deshalb schwarz-rot-goldene Farbe ins Gesicht schmieren und läppische Hüte tragen? Müssen wir jeden Morgen die deutsche Flagge an unserem Auto hissen? WM-Brötchen essen? Lidl-WM-Aktionsbier trinken?
Müssen wir in „Bild" lesen, dass wir Costa Rica kurz und klein hauen? Müssen wir uns Marcel Reifs überhebliche Kommentare über diesen wahnsinnig schwachen Gegner zu eigen machen, der gerade mal zwei Glücksschüsse schwächer war als unser Wunderteam? Und das Schlimmste: Müssen wir im ZDF „Nachgetreten" schauen?
Aber das ist nicht alles, wir sind neuerdings ja nicht nur zum Patriotismus verpflichtet, sondern auch zu kompromissloser Gastfreundschaft. A warm welcome, Mister Hooligan, you can sleep in my Schrebergarten, no problem! Und während wir auf dem Weg zu einem weltoffenen Nationalstolz noch das Grinsen unseres Bundespräsidenten üben, haben wir ein klitzekleines Problem: kein einziges Ticket für kein einziges Spiel. Wir bleiben daheim – echte Patrioten.

Aus: Frankfurter Allgemeine Zeitung vom 13.6.2006, Nr. 135, S. 74.

■ *Fassen Sie die Hauptaussagen des Textes kurz zusammen. Beschreiben Sie, inwieweit Sie mit diesen Aussagen konform gehen.*

Teilarbeitsblatt 2: Pro-Contra

Eine Nation im Fußball-Rausch

Text 1: Feiert sich Deutschland zum Titel? So sind wir wirklich

Ein Pro-Kommentar von Michael Ashelm

Beschreibungen des „typisch Deutschen" gibt es genug. Dröge seien wir, unbeholfen, aber besserwisserisch, misstrauisch gegenüber Fremden und ein Volk der Globalisierungsverlierer, welches durch Jahrzehnte überdimensionierter Wohlfahrtsversorgung in einen phlegmatischen Starrezustand verfalle. Schön, dass wir andere und uns selbst überraschen.
Der Fußballrausch dieser ersten Weltmeisterschaftswoche lässt einige der Halbwahrheiten und Klischees über Deutschland in einem anderen Licht erscheinen. „Wir spüren große Energie", sagte Bundestrainer Jürgen Klinsmann kürzlich und meinte damit neben dem enthusiastischen Auftreten seiner Spieler auch die Schubkraft der Begeisterungswelle im Lande. Warum sollte die eigentlich nicht bis zum Titel reichen?

Ohne Rachgefühle oder Ressentiments

In die Freude über das Auftreten der eigenen Fußballelf sind die vielen Besucher und Fans der anderen Mannschaften einbezogen. Die Deutschen wollen so sympathisch sein, wie die Schweden, Brasilianer oder Afrikaner es immer waren. Das dürfen wir doch auch? Der schwarzrotgoldene Fähnchen-Hype auf den Straßen zeigt nicht etwa engstirnigen, überbordenden Nationalismus, sondern vielmehr die aktuell angesagte Partydekoration. Ganz unverkrampft.
Ohne Rachegefühle oder Ressentiments feiert das Land ein buntes Sommerfest. An den Standorten der 31 Gastmannschaften verbrüdern sich die Einwohner mit ihren Gästen. Die entspannte Atmosphäre greift auch dort um sich, wo bis vor kurzem die Fronten verhärtet schienen. Im Berliner Stadtbezirk Kreuzberg bekunden die Türken mit schwarzrotgoldener Häuserbeflaggung ihre Sympathie für die deutsche Mannschaft, weil ihre eigene nicht dabei ist.

System der Symbole

Deutschland ist weiter, als die vielen Warner und Diskutanten meinen. Der völkerverbindende Charakter des Massenerlebnisses zeigt sich auch beim gemeinsamen Fernsehen, dem Public Viewing, wenn der Fußball aus dem begrenzten Raum des Stadions auf die öffentlichen Plätze hinausgetragen wird. Hier wird der Fan vom Konsumenten zum Mitspieler, hier erweist sich der Geist des Landes und der Menschen.

Vielleicht hat Jürgen Klinsmann erst aus Sicht des Auslandsdeutschen diese lange verdeckten Potentiale erkannt. Der Amerikanoschwabe nutzt sie für seine Zwecke, verbindet geschickt die sportlichen Ziele der kleinen Einheit Nationalmannschaft mit dem Massenphänomen Fußball. Die Wahl des Mannschaftsquartiers in der Hauptstadt gehört zu diesem System der Symbole.

Ausgangspunkt der allgemeinen Begeisterung

Alles, was man vorbereiten kann, hat Klinsmann vorbereitet. Es wäre nicht verwunderlich, wenn er auch die deutsche Fußballbegeisterung auf dem Weg zum erhofften Titel eingeplant hätte. Wann hat das Land zuletzt so überschwänglich mit seinen Kickern mitgefiebert? Der mutige, dynamische, druckvolle, temporeiche und riskante Einsatz der Elf ist sicher der Ausgangspunkt der allgemeinen Begeisterung.
Voran ging Klinsmanns selbstbewusster Weg der politischen Unkorrektheit gegenüber dem Fußball-Establishment, welches sich darauf verlegt hat, lieber alten Heldengeschichten nachzuhängen als Veränderungen einzuleiten für die Zukunft. Klinsmann mag sich jetzt sportlich bestätigt fühlen – bis ins kleinste Detail.

Partyzone Deutschland wird sich nicht auflösen

Umstrittene Personalentscheidungen wie das Festhalten am verletzten Philipp Lahm oder die überraschenden Nominierungen von David Odonkor und Oliver Neuville haben ihm spätestens nach dem Polen-Spiel weitere Bonuspunkte eingebracht. Sein eigentliches sportliches Ziel – Weltmeister zu werden – hat der Bundestrainer noch nicht erreicht.
Aber auch Klinsmann hat sich jetzt schon verdient gemacht am Abbau von Vorurteilen gegen Deutsche. Womit er und sein größter Kritiker Franz Beckenbauer, der ewig gutgelaunte WM-Oberbeauftragte, sich näher sind, als sie denken mögen. Die Partyzone Deutschland wird sich noch lange nicht auflösen, auch wenn das Team des Gastgebers bei dieser WM trotz aller Anschubhilfe durch die Fans vorzeitig ausscheiden sollte.

Frankfurter Allgemeine Sonntagszeitung vom 18.6.2006, Nr. 24, S. 13.

Text 2: Alles supi, oder was?
Ein Contra-Kommentar von Michael Eder

Der WM-Muffel: Echte Patrioten – es war ein kleiner Text, der letzte Woche im Internet auf FAZ.NET stand, ein kleiner Text, der eine Rekordzahl von Kommentaren und eine erbitterte Diskussion hervorrief. „Darf man das schreiben?" hieß es da. „Oder wird einem dann die Staatsbürgerschaft entzogen? Darf man schreiben, daß einem unser neuer Fußball-Nationalstolz unheimlich auf die Nerven geht?" Ohne uns als zwölftem Mann gehe es nicht, heißt es, das ist verständlich bei dieser Abwehr, aber müssen wir uns deshalb schwarz-rot-goldene Farbe ins Gesicht schmieren und läppische Hüte tragen? Müssen wir jeden Morgen die deutsche Flagge an unserem Auto hissen? WM-Brötchen essen? Lidl-WM-Aktionsbier trinken? Müssen wir in ‚Bild' lesen, dass wir Costa Rica kurz und klein hauen?

Abreisen!

Hoppla, da hörte der Spaß aber auf beim deutschen Fußball-Partyvolk, da haute es gehörig in die Tasten:
Miesepeter, Miesmacher, Meckerer, Nörgler, schlechte Laune, Depression, Freude rauben, Pessimist.

Abreisen!

Ein einig Volk von Partygängern lässt sich das Feiern nicht vermiesen. Das haben nach dem Polen-Spiel auch die Fernseh-Experten kapiert. Alles supi! Klassespiel! Phantastisch! Bitte nicht stören, sonst wird's ungemütlich. Richtig stören würde zum Beispiel: Fußball. Man könnte das Polen-Spiel ja auch analysieren, wie man das sonst so macht mit Fußballspielen, man könnte die Stärken der Mannschaft preisen, die Laufbereitschaft, die Kampfkraft, den Durchhaltewillen.

Es geht nicht um Fußball in diesen Tagen

Aber man könnte auch darauf hinweisen, dass dieser Sieg gegen zehn Polen zustande kam und gegen eine Mannschaft zweiter internationaler Klasse. Man könnte die Innenverteidigung für ihre Standfestigkeit loben, aber sich auch wundem, was ein Spieler wie Friedrich bei einer WM verloren hat. Man könnte Klinsmann zur Nominierung von Odonkor gratulieren, aber auch fragen, warum Schweinsteiger nach dem Wechsel so eingebrochen ist, warum Podolski wieder nicht ins Spiel fand – und wie es überhaupt dazu kommen konnte, dass Ballack als Weltklassespieler gilt. Aber das ist Fußball, und um ihn geht es nicht in diesen Tagen. Es geht um Party, Feiern, um den neuen Beamer, das prima Wetter, Kindergeburtstag, Karneval, dekoriert mit Deutschlandfahnen. Ein Leser schreibt: „Zum eigentlichen Symbol des angeblichen Nationalstolzes und Patriotismus sind die bunten Fähnchen an den Autos geworden (Glückwunsch an Hersteller und Vertrieb). Doch sie sind nur der Reflex auf das schöne Wetter und den plötzlichen Bedarf an guter Laune, die einen Anlass brauchte und gefunden hat."

Mal richtig Party machen

Und so ist es auch nicht weiter schlimm, dass Tickets für Fußballfans ja abgeschafft worden sind bei dieser

WM. Man muss nicht mehr ins Stadion gehen – wofür gibt es Fanmeilen und Public Viewing Areas? Dort wird man zwar auch auf Bomben und Zahnstocher durchsucht, aber wenn man erst mal drin ist, ist die Party nach neunzig Minuten noch lange nicht vorbei. Einer der wenigen, die keine Freude an dieser WM haben, dürfte im übrigen Franz Beckenbauer sein. Der arme Kerl fliegt mit dem Hubschrauber von Spiel zu Spiel, hockt bei jeder Partie neben irgendeinem Staatspräsidenten und wirkt von Mal zu Mal abwesender. Vielleicht sollte er die nächsten Partien mal vor dem Großbildschirm verfolgen. Mal richtig Party machen.

Betrieben von einer Handvoll dreister Abzocker

Und die Miesepeter, Meckerer, Depressiven? Können auch drastisch formulieren: „Das ist keine WM, das ist hochpotentielle Volksverarsche – betrieben von einer Handvoll dreister Abzocker."

Aber. Aber. Einig sind sich alle, dass der Fußball-Hurra-Patriotismus eine kurze Halbwertzeit haben wird. In drei Wochen ist alles vorbei, aber wahrscheinlich doch schon etwas früher: „Wer sich nicht aufzwingen lassen will, was ihn nicht interessiert, braucht dazu keine Depression. Wer sich für den Fußball der deutschen Mannschaft interessiert, wird aber bald Depressionen bekommen – mit oder ohne Patriotismus."

Aus: Frankfurter Allgemeine Sonntagszeitung vom 18.6.2006, Nr. 24, S. 13.

■ *Vergleichen Sie die Aussagen beider Texte und nehmen Sie Stellung zur jeweils darin zum Ausdruck kommenden Bewertung der patriotischen Begeisterung in Deutschland.*

Alter und Wissenschaft

Jürgen Trabant: „Zu alt für Exzellenz"

Vorspiel und erste Niederlage: Gott, war das lustig! Der Präsident der Akademie, selber gut siebzigjährig, aber jugendlich im Geiste und im Herzen, schüttete seinen aufgeräumten Spott über ein paar sechzigjährige Spinner aus, die den Antrag gestellt hatten, die aktive Mitgliedschaft in der Akademie, die mit dem achtundsechzigsten Lebensjahr endet, bis zum siebzigsten zu verlängern. Der Antrag stützte sich auf Erkenntnisse der Berliner Altersstudie des Akademie-Mitglieds Baltes, die den Alten bescheinigt hatte, dass sie zwischen sechzig und achtzig – „junge Alte" – im allgemeinen körperlich fit und geistig noch völlig aktiv sind und folglich auch durchaus noch fähig, am Wissenschaftsgeschehen teilzunehmen.

Doch das alte Denken ist stark, das alte Denken der Jugendlichkeit, dass auch die Alten – wie der siebzigjährige Präsident – verinnerlicht haben. Das alte Jugendlichkeitsdenken ist sogar besonders stark bei den jetzt jungen Alten, deren ganzes Leben ja geradezu unter dem Zwang zu ewiger Jugendlichkeit ablief. Ich gestehe es, ich bin selbst ein Virtuose der Selbstzerfleischung angesichts der Falten in meinem Gesicht, der Kahlheit meines Schädels, der nachlassenden Sexualtätigkeit, der ungelenker werdenden Bewegungen. Besser ist es natürlich, jung, schön und stark zu sein. Allerdings nehme ich meine geistigen und sozialen Fähigkeiten von dieser Altersselbstaggression aus. Und auf die kommt es hier an, sie sind sozusagen die Munition des Methusalem-Kampfes.

Die Alten machen sich jedenfalls am liebsten selbst fertig, sie brauchen dazu keine jungen Bundestagsabgeordneten. Das machen sie selbst viel besser, viel verletzender, Sie kennen ja die Empfindlichkeiten und wunden Punkte der alten Knaben aus eigener Erfahrung. Jetzt werden die selber alt, spottete der Präsident, und wollen doch nur zwei Jahre länger mitmischen. Das saß! Klar, das war natürlich die peinliche Frage, die wir uns auch selbst gestellt hatten. Im bestgelaunten Einklang mit seinem Präsidenten stimmte das Plenum der Akademie daher den offensichtlich ridikülen Antrag der alten Kerle nieder. Die dynamischen Fünfzigjährigen fanden das besonders amüsant. Da kann ich nur sagen: Ihr werdet euch umgucken, die Zeit rast, und mit sechzig fühlt ihr euch noch genauso dynamisch wie jetzt, aber dann seid ihr plötzlich alt.

Niederlage eins also: Es war uns nicht gelungen, in einer nicht gerade jungen Wissenschaftlergemeinschaft auch nur einen kleinen Schritt gemeinsam zu gehen. Mitkämpfer, stellt euch auf Niederlagen ein. Ich will noch von zwei weiteren berichten.

Doch zuvor eine Zustandsbeschreibung: Ich bin jetzt 63, körperlich bin ich gesund und ziemlich fit und geistig, wenn mich meine Selbstwahrnehmung nicht gänzlich täuscht, rege. Ich übe meinen Beruf als Professor noch ganztägig aus, das heißt, ich lehre und forsche, halte also regelmäßig Seminare und Vorlesungen – im Allgemeinen zur Zufriedenheit meiner Studenten, schreibe fleißig Artikel und Bücher, halte Vorträge auf Tagungen, leite ein paar Drittmittel-Forschungsprojekte und das Studienkolleg zu Berlin. Ich bin also, wenn ich es richtig sehe, ziemlich aktiv und in meiner beruflichen Tätigkeit in keiner Weise eingeschränkt (doch, vielleicht in einer Hinsicht: Ich schlafe jetzt bei langweiligen Vorträgen einfach ein, früher habe ich mich so darüber aufgeregt, dass ich hellwach blieb). Da ich meinen Beruf noch voll ausfülle und er mich erfüllt, hatte ich auch die Absicht, ihn bei anhaltender körperlicher und geistiger Gesundheit bis zur vorgesehenen Altersgrenze in fünf Jahren auszuüben.

Allerdings wird meine fröhliche Berufstätigkeit erheblich getrübt: Ich bin nämlich mit einem Schlag auch akademisch alt geworden. Was in der Akademie noch Geplänkel war, wird jetzt härteste Attacke. Es mehren sich die Anzeichen dafür, dass meine berufliche Umgebung mich alt findet und mir dies sehr deutlich sagt. Die Botschaft ist: Du bist zu alt für die Wissenschaft, wieso bist du dann noch da, mach dich vom Acker! Dies bezieht sich nicht auf den Inhalt meiner Forschungen, das wäre ja noch irgendwie verständlich. Es geht schlicht um die Lebenszeit, also um Biologie: Du spielst jetzt nicht mehr mit, jetzt ist Schluss! Diese Botschaft ist einigermaßen überraschend, sie ist wohl in dieser Brutalität auch neu und verweist auf eine zunehmende Härte im Generationenkonflikt. Die Botschaft kommt von einer Einrichtung, die der Forschung gewidmet ist und bei der daher die Frage der Exzellenz der Forschung die einzige relevante Frage sein müsste, nicht die des Alters des Forschers. Man sollte denken, dass die Deutsche Forschungsgemeinschaft auf das Alter zuletzt schaut. Aber genau das Alte bringt sie – neuerdings? – ins Spiel, um forschungswillige Ältere schon im Vorfeld von Anträgen fernzuhalten.

Daher Niederlage zwei: Bei den Vorarbeiten einer Forschergruppe wird den über sechzigjährigen Mitgliedern nach einigen Sitzungen deutlich gemacht, dass ihre Beteiligung den Erfolg des Antrags bei der Forschungsgemeinschaft gefährdet. Wir wollen keine alten, macht die zuständige Referentin aus Bonn unmissverständlich deutlich. Es geht, das muss man wissen, bei solchen Anträgen nicht um die Förderung der (alten) Antragsteller, sondern vor allem darum, anderen, jüngeren Wissenschaftlern eine Forschungstätigkeit zu ermöglichen, die Antragsteller haben dabei im Wesentlichen die Funktion der Betreuung dieser Jüngeren, der Beteiligung an Kolloquien, der wissenschaftlichen Beratung. Gerade nach der Pensionierung, befreit von Gremien- und Lehrtätigkeit, hätten die Alten also viel Zeit für die Forschergruppe. Sie wären eine ideale Ergänzung der jüngeren Professoren, die dann noch von den anderen Dingen in Beschlag genommen werden. Die Universität hätte kostenlose zusätzliche Forscher, die sie sonst einfach ans Privatleben verliert.

Aber in Bonn und Berlin denkt man biologisch, nach Ablaufdatum: Der deutsche Forscher wird mit 65 aus seiner Gemeinschaft entfernt. Also zogen wir Alten uns zurück. Schade. Zehn Jahre lang hätten wir das schon noch mitgemacht, und unsere Projekte waren auch ziemlich gut.

Daher konnte die Niederlage drei nicht länger auf sich warten lassen: Der Präsident meiner Universität – ein dynamischer Endfünfziger – tönte zwar gerade vollmundig in einer Berliner Tageszeitung: „In intellektuellen Berufen sind etliche Menschen noch bis achtzig sehr leistungsfähig." Er will solche Menschen überzeugen, weiter zu arbeiten, und er hatte diese Idee sogar in einer dreibändigen Bildungsstudie entfaltet, wie er stolz mitteilt. An seiner Universität lässt er aber diesen großen Worten nicht die entsprechenden Taten folgen. „Etliche Menschen" sind gerade erneut aus Altersgründen aus einem Antrag hinauskomplimentiert worden, den seine Universität im Rahmen der Exzellenz-Initiative bei der DFG stellt. Ich hätte bei diesem Projekt gerne mitgearbeitet, ich habe zum Thema einiges beigetragen, ich bin außerdem noch fünf Jahre lang an der Universität tätig, und die weiteren fünf hätte ich dann als Emeritus mitgemacht, es geht sowieso auch hier im Wesentlichen um die Beantragung von Geld für Jüngere.

Die Deutsche Forschungsgemeinschaft aber hat der Universität mit großem Nachdruck gesagt, dass in den Anträgen möglichst keine oder wenige Alten auftauchen sollen. Begründet wird das damit, dass die Laufzeiten der Projekte über die Pensionierung oder Emeritierung der alten Wissenschaftler hinausgehen. Es wurde so eindringlich aus Bonn und von der gehorsamen Universitätsleitung vor der Beteiligung von Wissenschaftlern über sechzig gewarnt, dass wir Alten uns diesem Mobbing nur durch Rückzug entziehen konnten. Zu alt für die angestrebte Intelligenz.

Aber wo war da der Präsident, der doch gerade noch die wunderbare Leistungsfähigkeit der von Baltes so genannten jungen Alten gelobt hatte? Er hätte nach den großen Worten zu uns stehen müssen. Ihr seid zwar alt, aber exzellent, also machen wir das jetzt mit euch, egal, was die Deutschen Forscher in Bonn befehlen. Und wenn der Antrag an der völlig kontingenten Altersfrage scheitert, dann kann der ganze Wettbewerb nichts taugen. Vor allem aber hätte er der Forschungsgemeinschaft sagen müssen: Was fällt euch denn ein, die Leistungsfähigkeit der jungen Alten ist wissenschaftlich belegt, sie ist eine Säule meiner Bildungsvorstellungen, nichts rechtfertigt euren „ageism". Aber vor dem großen Geld knickten auch vermeintliche Methusalem-Komplotteure ein, und die Exzellenzinitiative zeigt außer ihrer Innovationskraft auch ihre tief korrumpierende Bewirkung: Für den Erfolg machen Universitätspräsidenten alles, ihre wissenschaftlichen Überzeugungen sind nichts wert, wenn sie nur beim nächsten Hype dabei sind.

So viel von den lustigen Scharmützeln an der wissenschaftlichen Front des Methusalem-Kampfes. Einfach wird das nicht. Man spricht auch nicht gern darüber, weil das alles ja auch ein bisschen peinlich ist. Aber wenn Methusalem vorankommen will, dann muss er schon den Mund aufmachen. ... post molestam senectutem nos habebit humus.

Z. 6: Akademie = nichtuniversitäre Forschungseinrichtung
Z. 40/41: ridikül = lächerlich
Z. 59/60: Drittmittel-Forschungsprojekt = ein von nichtöffentlichen Geldgebern finanziertes Forschungsvorhaben
Z. 91/92: Deutsche Forschungsgemeinschaft = von Bund und Ländern gemeinsam getragene Einrichtung zur Wissenschaftsförderung
Z. 135: DFG: Deutsche Forschungsgemeinschaft
Z. 178f.: „post molestam senectutem nos habebit humus" = lat. Textzeile aus dem Studentenlied „gaudeamus igitur": „nach beschwerlichem Alter enden wir im Grab"

■ *Arbeiten Sie aus dem Text die wesentlichen Aussagen zur Lage von Wissenschaftlern über 60 heraus und formulieren Sie eine eigene Stellungnahme zu dieser Thematik.*

Eine Romanrezension

Als die Geister müde wurden

Daniel Kehlmann lässt sehr gekonnt zwei Melancholiker des Wissens aufeinander los.
Von Hubert Winkels

Die literarische Intelligenz tut sich seit jeher schwer mit Mathematik und theoretischer Physik. Das gilt noch in heutigen Klassenzimmern, das war selbst beim wissenschaftsbegeisterten Goethe so, der mit Newtons analytischer Rationalität haderte. Für Carl Friedrich Gauß, den mathematischen Zeitgenossen Goethes, war die Sache somit ziemlich klar: Goethe links liegen lassen. Deshalb lässt Daniel Kehlmann seinen Helden Gauß denn auch nach Weimar reisen, zu einem Abend im Hoftheater, dessen Intendant Goethe war, und der Fürst der Mathematik, der princeps mathematoricum, zieht enttäuscht erst vom Leder, dann von dannen. Das ist so nicht verbürgt, aber man weiß, dass Gauß in Weimar war und dass er Goethe nicht eigens sprechen wollte, damals ein Privileg – warum wohl nicht?

Und warum kennen und ehren wir nicht einen der größten Mathematiker aller Zeiten, Carl Friedrich Gauß, der in diesem Frühjahr seinen 150. Todestag hatte? In Göttingen und Braunschweig hat man seiner gedacht, da trafen sich Fachwissenschaftler und Heimatkundler auf Symposien. Aber die großen Medien, erst gar die Feuilletons? Waren die noch erschöpft davon, die von Hans Magnus Enzensberger losgetretene Alexander-von-Humboldt-Lawine abzuarbeiten?

Das war Humboldt reloaded, das Programm eines lauten Verlages, das gefunkt und gezündet hat, sodass heute jeder, der Bildung will, zehn Kilo ungelesenen und streckenweise unlesbaren Humboldt im durchgebogenen Regal stehen hat. Auch hier läuft etwas richtig schief: Humboldts Reise in die Äquinoktialgegenden nämlich, jedenfalls sein Extrakt, die Relation historique, ist tatsächlich guter Lesestoff, doch der ist ja schon länger auf dem Markt, also nicht als neu zu verkaufen.

Kurzum, Gauß und Alexander von Humboldt sind die beiden Helden des neuen Romans von Daniel Kehlmann, und das ist hochinteressant und weckt große Erwartungen, zumal Kehlmann, gerade einmal dreißig Jahre alt, mit seinen fünf vorherigen Büchern sich als kluger, konzentrierter und eben auch naturwissenschaftlich interessierter Erzähler gezeigt hat.

Alexander von Humboldt eignet sich vorzüglich als Romanfigur. Der Bruder des Sprach- und Kulturforschers, des preußischen Bildungsministers und Universitätsgründers Wilhelm, befreundet mit der Weimarer Elite des deutschen Geisteslebens, Schüler Georg Forsters, lange in Paris lebend und als berühmte Persönlichkeit mit Gott und der Welt und Napoleon in Kontakt, wilder Weltreisender auf eigene Kosten, „zweiter Entdecker" des südamerikanischen Kontinents, mit Vulkangestein, Insektenlarven, Fledermäusen und aztekischen Monumenten gleichermaßen vertraut, rastlos bis zur Raserei, Universalist und Organisationsgenie, mit verborgener Neigung zu Männern, seinerseits hofiert vom preußischen König, dessen ständiger Berater er gegen Ende seines Lebens wurde – dieser Mann ist sicher eine der reichsten Figuren, was Stoff, Farbe und Exzentrik angeht, die die deutsche Geschichte überhaupt hervorgebracht hat. Und nebenbei eine der berühmtesten, weshalb Enzensberger auf seiner Humboldt-Hommage-Tour nicht müde wurde, ihn in einem Atemzug mit Marx und Einstein zu nennen.

Hier hat der Erzähler zweifellos die Qual der Auswahl, der Reduktion, der Zuspitzung. Und die sind Daniel Kehlmann durchaus gelungen, eben weil er, selten für einen intellektuell überbordenden Autor, sich stilistisch sehr bewusst bescheidet mit knappen Sätzen, stark umrandeten präzisen Szenen, jeder Verführung zur Übersteigerung mit schnellen, vorwärtsdrängenden Perioden begegnend, manchmal etwas hastig, andererseits diskret distanzierend, indem er auf jede wörtliche Rede verzichtet. Und das Schöne dabei: Man erfährt eine Menge über diesen Überflieger, über die endlosen, oft mutwillig erzeugten Strapazen der Feldforschung, die von Lust und Leidenschaft kaum zu unterscheiden sind, über das wissenschaftliche Ethos, das sezierende und ordnende Gewalt gegen die Natur einschließt ebenso wie eine fast selbstquälerische Hingabe an dieselbe. Hier ist der Wissenschaftsprozess ganz eingebunden in eine personale Triebstruktur, und der Preis für die wissenschaftliche Neugier wird immer literarisch mitinszeniert.

Humboldt umarmt Bäume und Gauß operiert im Unsichtbaren

Kehlmann scheut dafür auch Veränderungen der Tatsachen nicht, schließlich will er keine Biografien geschrieben haben, wie er mehrfach betont hat, sondern..., ja was eigentlich? Er sagt: Romanbiografien. Nun ja, jedenfalls lässt er Humboldt und seinen Adlatus Bonpland, anders als bezeugt, wochenlang einige Zentner Leichen auf ihrem Boot über den Orinoko mitschleppen, inklusive der Ahnen- und Gespenstermitgift, die alle Einheimischen angstvoll spüren, nur Humboldt nicht. Kehlmann pointiert damit den Widerspruch, dass der Entdecker so vieler metaphysisch geprägter Bräuche, Skulpturen, Monumente und Erfindungen des lateinamerikanischen Kontinents sich auf der subjektiven Seite metaphysisch taub stellt. Dabei bedient er nicht über die Maßen die gängigen Topoi der Wissenschaftskritik, er hält die Figur ambivalent. Humboldt ist der zugleich ignorante und liebende Entdecker, der einen alten Baum auf Teneriffa mit Tränen der Wehmut umarmt, andererseits mit seinen Kenntnissen die strategischen Kriegspläne Thomas Jeffersons befördert. Hier entfaltet Kehlmann ein epochales Panorama über den brachialen und manchmal zärtlichen Weltzugang eines einzigartigen Wissenschaftlers und adligen Abenteurers. Nur gelegentlich sucht diesen das Verdrängte heim, im Blick eines Jaguars zum Beispiel oder dem eines nackten Knaben. Dann flammt die Vermessung der Welt für einen Moment herzwärmend auf. Doch die eigentliche Heimsuchung Humboldts – und das ist wörtlich zu nehmen – heißt Carl Friedrich Gauß, der in seiner stillen Forscherstube sitzt und mit nichts vor Augen mehr erkennt als der frühe Outdoor-Enthusiast Humboldt.

Gauß also, der so ganz andere Held. Warum wird er Humboldt zur Seite gestellt, parallel geführt und konfrontiert? Nun, sie kannten sich flüchtig, kein Wunder, da Humboldt mit allen führenden Wissenschaftlern vernetzt war. Sie teilten verschiedene Interessen, zunächst die des Vermessens der Landschaft, Humboldt überall und vor allem in Wüste und Urwald, Gauß mit mathematischer Ingeniosität im Königreich Hannover. Beide wollten den Erdmagnetismus begreifen, beide den Kosmos erklären – und dabei beginnen die gravierenden Unterschiede: Während Humboldt noch goethisch einen lebendigen Zusammenhang des Nächsten und Fernsten, der Wirkkräfte in Natur- und Menschenwelt beschwört, tüftelt Gauß an mathematischen Formeln, die Zeit- und Raumabstände klären und berechenbar machen. So wurde Gauß tatsächlich berühmt durch seine genaue Berechnung eines nur zeitweilig sichtbaren kleinen Planeten. Er operiert dabei komplett im Unsichtbaren: Was er beschreibt, hat er nicht gesehen. Er erfindet einen Algorithmus. Danach stimmt, was am Himmel auftaucht. Damit toppt er im Übrigen auch Kant, dessen Anschauungsformen Raum und Zeit er nicht akzeptiert. Und nimmt mit seiner Idee der Raumkrümmung sogar Einstein vorweg.

Doch wie, in Humboldts und Goethes Namen, visualisiert, dramatisiert, veranschaulicht man diesen sich selbst generierenden abstrakten Weltbezug der Mathematik im Roman? Ein Beispiel zeigt das Problem: Kehlmann schickt den reisefaulen, sein Göttingen kaum je verlassenden Gauß in einem Gewaltritt zu Kant nach Königsberg. Dort findet er nur durch Hartnäckigkeit Zugang zum Genie des gestirnten Himmels und des moralischen Gesetzes. Das nun sitzt, eingepackt wie ein vertrocknetes Würstchen, in seinem Sessel und sagt nur: „Wurst." Und dann sagt es noch: „Wurst und Sterne." Die Szene ist drastisch und komisch, bei aller Ausgedachtheit sogar für einen Moment ergreifend. Und man kann sicher sein, dass „Wurst und Sterne" eine demenzverzerrte Reprise von moralischem und Naturgesetz bei Kant meint. Und der gescheite Kehlmann hat sogar noch Brechts Dreigroschenweisheit: „Erst kommt das Fressen, dann die Moral" mit eingebaut: ein Motivcluster der prallen Sorte, trotzdem mit leichter Hand präsentiert.

Doch können inhaltliche Fülle und stilistische Bravour nicht über die Frage hinwegtäuschen, was damit gewonnen ist. Es ist eine einprägsame erfundene Anekdote, mehr nicht. Doch muss man Kehlmann andererseits zugute halten, dass er nicht übertreibt, dass er uns keinen Erkenntnisfortschritt aus dem Geist der Deformation und Krankheit oder gar des Wahns vorspiegelt. Dazu ist das Leben von Gauß, trotz seiner Schroffheit und seiner Brutalität gegenüber Sohn Eugen, zu normal. Kehlmann setzt das Ingenium des Mathematikers genauso voraus, wie es voraussetzungslos gegeben war, schon dem Kind aus kleinen Verhältnissen nämlich, das vor dem Reden rechnen konnte und das mit neunzehn Jahren die Konstruktion eines regelmäßigen Siebzehnecks zustande brachte, die erste nennenswerte Ergänzung der Konstruktionen des Euklid.

Bei Humboldt allerdings gibt Kehlmann seinem literarischen Affen Zucker. Hier erfindet er eine ganze Reihe von Attentaten des älteren und steiferen Wilhelm auf seinen kleinen Bruder, den er einsperrt, vergiftet und beinahe ertrinken lässt. Hier gibt es Urszenen der späteren masochistischen Forschungspraxis Alexanders. Tatsächlich sieht Humboldt denn auch gelegentlich Gespenster, so zum Beispiel in einer fernen tiefen Höhle die Erscheinung seiner toten Mutter. Und auch Gauß, der immerhin den elektrischen Telegrafen erfand, mutmaßt gelegentlich, „dass auch die Gesetze der Physik bloß statistisch wirkten, mithin Ausnahmen erlaubten: Gespenster oder die Übertragung der Gedanken".

Telepathie und Telegrafie – das ist wieder so ein verführerisches Motiv für einen Romancier, das Kehlmann links liegen lässt, weil er nicht zu viel spekulieren will. Zwar lässt er gegen Ende des Romans Gauß und Humboldt einer spiritistischen Sitzung beiwohnen, die im Gefolge der Magnetismusmode im frühen 19. Jahrhundert beliebt war. Aber das bleiben illustre Seitenwege, ebenso wie die Vergegenwärtigung der deutschen Zustände des Vormärz mit Turnvater Jahn, Studentenversammlung und preußischer Obrigkeitsstaatlichkeit. Bemerkenswert, dass Kehlmann, der den Republikanismus Humboldts so gerne betont, Gauß als politischen Reaktionär nicht zeigen möchte, etwa als Gegner der Göttinger Sieben, die sich 1837, einschließlich Gauß' engsten Mitarbeiters Wilhelm Weber, gegen die fürstliche Aufhebung der Verfassung auflehnten.

Kehlmann hat die Welt vermessen und die Gegenwart vergessen

Dieser Verzicht aufs Metaphysische, aufs Irrationale, auf den Einbruch des Anderen in die vermessene Welt ist befremdlich, wenn man Kehlmann kennt. Hatte dieser sich in seinen drei ersten Romanen doch stets Helden gesucht, die vom Zauber des Irrationalen inmitten einer mathematisch und naturwissenschaftlich geordneten Welt buchstäblich bis zum Tode hingerissen waren; am deutlichsten in Mahlers Zeit, wo der Titelheld die Formel für die Umkehrbarkeit der Zeit findet und daran zugrunde geht. Und tatsächlich bemühte sich Kehlmann bisher in Form und Dramaturgie der Romane, die Abweichungen von Gesetzen auch literarisch zu inszenieren. Deshalb all die Wiederholungen, Ungleichzeitigkeiten und andere Seltsamkeiten.

Nichts dergleichen in der Vermessung der Welt. Statt eines romantisch-surrealen Spiels mit den Wissenschaften vielmehr ein lapidar-ironischer Erzählton, immer nahe an den Lebensläufen, nie identifikatorisch, aber in freundlich spöttischer Brechung. In seinem Erfolgsroman „Ich und Kaminski" hat Kehlmann diesen Schritt zum humoristischen Erzählen mit seinen karikaturhaften Elementen und seinen witzigen Zuspitzungen geübt. Jetzt kann er das. Jetzt kann er eine Doppelbiografie in Romanform schreiben, die unterhaltsam ist, klug und gut gemacht, aus der man zudem einiges lernt.

Und trotzdem hätte man gerne mehr gehabt, wäre gerne stärker ins Drama der Erkenntnis hineingerissen worden, hätte gerne mehr über den Zusammenhang zwischen naturwissenschaftlicher und kultureller Erkenntnisproduktion erfahren, auch darüber, was den wissenschaftlich-mathematischen Weltzugang im Kern befeuert. Dafür, dass sich Kehlmann nicht an die Fakten hält, also einen Roman schreibt, hätte er mehr wagen, mehr spekulieren dürfen, auch über literarische und mathematische Darstellungsverfahren. Man muss Kehlmanns Weltvermessung Respekt zollen und, was die Organisation des reichen Materials angeht, sogar Bewunderung. Und doch fehlt es ihm an literarischem Mut, an Spiellaune, Erfindungsfreude und Gegenwartsbezug. Am Ende gibt er denn doch ein Bild, das über den zu engen Binnenraum hinausweist. Melancholisch sind sie geworden am Ende ihres Lebens für die Wissenschaft, grundlos traurig und zugleich abgeklärt und selbstbewusst: Gauß und Humboldt, der Theoretiker und der Empiriker, zwei alte Männer, mit denen nun fast ein absurdes Beckett-Stück beginnen könnte. Doch so ist es nur eine lehrreiche Doppelbiografie geworden. Das ist schon etwas, doch zu wenig für die Fähigkeiten Daniel Kehlmanns.

Hubert Winkels: Als die Geister müde werden. In: DIE ZEIT 13.10.2005 Nr. 42

Z. 11/12: princeps mathematoricum = (lat.) Fürst der Mathematiker
Z. 23: Feuilleton = Kulturteil in der Zeitung
Z. 33/34: Relation historique = (franz.) historischer Bericht
Z. 92/93: Adlatus = (lat.) zur Seite gestellter Gehilfe
Z. 101: metaphysisch = die fassbare Wirklichkeit überschreitend
Z. 103: Topoi = (griech.) gängige, feste Ansichten
Z. 128: Ingeniosität = Erfindungsreichtum
Z. 164: Cluster = aus Einzelteilen zusammengesetzte Einheit
Z. 176: Ingenium = (lat.) schöpferische Begabung
Z. 232: surreal = unwirklich
Z. 265: Beckett = Verfasser absurder Theaterstücke

■ *Untergliedern Sie den Text nach Kritikpunkten, fassen Sie jeweils die Bewertungen des Autors zusammen und nehmen Sie jeweils kurz Stellung.*

Literaturverzeichnis

Literarische Werke

Kehlmann, Daniel: Die Vermessung der Welt, Hamburg 2005:
Gerwald, Mattias: Der Entdecker. Historischer Roman über Alexander von Humboldt, Bergisch Gladbach 2001.

Werke von und über Alexander von Humboldt

Humboldt, Alexander von: Aus meinem Leben. Autobiografische Bekenntnisse, zusammengestellt und erläutert von Kurt-R. Biermann, München [2]1989.
Humboldt, Alexander von: Kosmos. Entwurf einer physischen Weltbeschreibung, herausgegeben von Ottmar Ette, Frankfurt a. Main 2004.
Humboldt, Alexander von: Reise in die Äquinoktialgegenden des Neuen Kontinents, herausgegeben v. Ottmar Ette, 2 Bde., Frankfurt a. Main 1991.
Beck, Hanno: Alexander von Humboldts Amerikanische Reise, Stuttgart 1985.

Literatur zu Carl Friedrich Gauß

Biegel, Gerd, Karin Reich: Carl Friedrich Gauß. Genie aus Braunschweig – Professor in Göttingen, Braunschweig 2005.
Bühler, Walter: Gauss. Eine biografische Studie, Berlin u.a. 1987.

Literatur zur Geschichte des 19. Jahrhunderts

Nipperdey, Thomas: Deutsche Geschichte 1800–1866. Bürgerwelt und starker Staat, München [1]1983.

Literatur zum Thema „Altern"

Schirrmacher, Frank. Das Methusalemkomplott, München 2005.
Strange, Nicholas: Keine Angst vor Methusalem, Lüneburg 2006.

EinFach Deutsch

Unterrichtsmodelle

Herausgegeben von Johannes Diekhans